Ignaz Vinzenz Zingerle

Das deutsche Kinderspiel im Mittelalter

Ignaz Vinzenz Zingerle

Das deutsche Kinderspiel im Mittelalter

ISBN/EAN: 9783743390683

Hergestellt in Europa, USA, Kanada, Australien, Japan

Cover: Foto ©ninafisch / pixelio.de

Weitere Bücher finden Sie auf **www.hansebooks.com**

DAS

DEUTSCHE KINDERSPIEL

IM

MITTELALTER.

VON

I. V. ZINGERLE.

ZWEITE VERMEHRTE AUFLAGE.

INNSBRUCK.
DRUCK UND VERLAG DER WAGNER'schen UNIVERSITÄTS-BUCHHANDLUNG.
1873.

DEM ANDENKEN

DES

UNVERGESSLICHEN VATERS

BARTHOLOMÄUS ZINGERLE

(† 9. JUNI 1871)

GEWEIHT.

Vorrede.

Angeregt durch die Abhandlung: „Kinderspiele und Kinderfeste der Vorzeit" [1]) und durch „das alemannische Kinderlied und Kinderspiel aus der Schweiz von E. L. Rochholz, Leipzig 1857" stellte ich Alles, was mir über das deutsche Kinderspiel in früherer Zeit bekannt war, zusammen und veröffentlichte dies Mosaikbild als „das deutsche Kinderspiel im Mtttelalter" 1867 in den Sitzungsberichten der philos.-histor. Classe der kais. Akademie der Wissenschaften B. LVII. S. 119—169. — Bald waren die Separatabdrücke der kleinen Abhandlung vergriffen und ich folge nur oft lautgewordenen Wünschen, wenn ich jetzt eine zweite Auflage derselben veröffentliche. Ich war bei Besorgung derselben bemüht, frühere Lücken auszufüllen, das seitdem gewonnene Materiale einzufügen, und berücksichtigte Manches, was nicht gerade zum Kinderspiele gehört, aber das Kinderleben enge berührt. Mein Mosaikbild, das ich hier biete, würde vollkommener geworden sein, wenn ich die Literatur des 15. und 16. Jahrhunderts in dem Umfange hätte benützen können, wie die ältere, allein dies war mir unter den gegebenen Verhältnissen nicht gegönnt. Dafür zog ich, um den Ausblick zu erweitern, auch das italienische Kinderspiel herbei und spreche hier dem Herrn Landesschulinspektor Christian

---

1) Die gute alte Zeit. herausgegeben von J. Scheible. Stuttgart 1847. S. 558—572.

Schneller, der mich nach dieser Seite hin freundlichst unterstützte, meinen besten Dank aus. In den Anmerkungen nahm ich besondere Rücksicht auf die Kinderspiele der Gegenwart, um neuerdings zu zeigen, dasz die Jugend noch heutzutage dieselben Spiele treibt, wie vor Jahrhunderten, was Rochholz in seinem Vorworte schon eben so schlagend als schön nachgewiesen hat. Für die freundliche Unterstützung meiner Arbeit melde ich den Herrn Prof. Dr. Anton Birlinger in Bonn und Dr. Ludwig von Hörmann, k. k. Bibliotheksbeamten in Klagenfurt, meinen wärmsten Dank. Möchte diese neue Ausgabe auch jene freundliche Aufnahme finden, deren sich die erste erfreut hat!

Wilten, 31. Dezember 1872.

Ignaz V. Zingerle.

DAS
DEUTSCHE KINDERSPIEL
IM
MITTELALTER.

Daz kint spilete und was frô.

Graf Rudolf (6) 12.

Die Kindheit ist die goldene Zeit der harmlosen Freude, des fröhlichen Spieles. Bei allen Völkern, von denen wir Kunde besitzen, erfreute sich das Kind seiner heitern Tage und verkürzte sich dieselben durch Spiele und kindische Kurzweile. Dass es bei unsern Vorfahren nicht anders sich verhielt, dass die Kinder sich an muntern Spielen ergötzten, bestätigen uns viele Belege[1]. Dem ernsten, schwierigen Ringen und Streben des Mannes wird das tändelnde, leichte Spielen des Kindes gegenüber gestellt. Denn mit dem Kinderspiele wird geradezu das unbedeutende Thun und Treiben, das nicht die geringste Mühe und Anstrengung fordert, bezeichnet[2], während die Negation: „ez ist niht ein kindes spil"

---

[1] Daz kint spilete und was frô. Graf Rudolf (6) 12
dines lobes underwinden
ist gespilt nâch site der kinde. MSH. I, 70ᵇ.
ist daz also, seht, welh ein kindes spil. MSH. I, 184ᵃ.
daz was uns ein kindlich spil. MSH. III, 31ᵃ.
er spranc in siner brünne spilude als ein kint. Wolfdietrich A. 382, 2.
zwei kint also sie lacheten
und als sie samet spilten. Flore 1992.
er sol in spilen vor als ein kint
mit ougenweide zarten. Walther L. 103, 17.
und daz kinden töhte
zuo ir kintlichen spil. Armer Heinrich 331.
alliu diu kint an viengen
kurzwil unde kintspil. Miscellaneen II., 88.
und han verworffen kindelspil. Ring 20ᶜ, 5.
kint sint nû trotz und unverwizzen.
die kintlicher spil sich sollent flizzen. Renner 14862.
sie suln wie diu kinder spiln in den rôsen rôt. Rosengarten 984.

[2] daz was ein ringiu arbeit
unde gar ein kindes spil. Erec 4208.

eine schwierige, gefahrvolle Handlung, bei welcher der Mann seinen Geist wie seinen Arm anstrengen muss, oder eine sorgenvolle, drückende Lage ausdrückt[1]). Es ist leicht begreiflich, dass bei der Bedeutungslosigkeit und Alltäglichkeit der Kinderspiele keine Aufzeichnungen darüber gemacht wurden und die Quellen darüber desshalb sehr spärlich fliessen. Allein, wenn Weinhold sagt, dass

ez was gar ein kindes spil, swes er ie began, Kudrun 858, 2.
daz het er vür ein kindes spil. Biterolf 3192.
daz was im gar ein kindes spil. Ebendort 7845.
wir bringenz ûz dem kindes spil. Ebendort 9854.
ez was aber noch ein chindes spil. Habn. Gedichte des XII. Jahrh. 45, 26.
daz ist mir noch ein kindes spil. MSH. II, 147b.
swaz der begêt oder swaz er tribet,
daz ist allez kintlich spil, MSH. II, 365a.
daz was im ein kintspil. Laurin 1364.
si dûhte gar ein kindes spil. Silvester 2075.
ez ist noch ein kindes spil. Uebles Weib 330.
daz waer ein spil den kinden. J. Titurel 4727,
ez was vil gar ein kindes spil. Troj. Krieg 39899.
diu dûhte gar ein kindes spil. Partenopier 17260.
swer mir daz bescheiden wil
nâch wâne, deist ein kindes spil. Freidank 11, 12.
daz was noch gar ein kindes spil. Parzival 557, 13,
daz ez si dûhte ein kindes spil. Strickers Karl 750.
ez ist aber ein kindes spil,
swaz wir noch noete erliten hân. Ebendort 7708.
daz im waere ein kindes spil. Stricker IV, 292.
idoch was daz chindispil. Roland 230. 6.
ist daz alsô, seht welch ein kindes spil. MSF. 173, 5.
1) ez niht ein chindes spil. Leben Christi 360.
jâ ist ez niht ein kindes spil. Winsbeke 64, 8.
jane ist ez niht ein kindes spil. Hartmann. Büchlein 1, 604.
ez enist dohein spot
noch ein senfte kindes spil. Flore 1254.
iz nist nichein kindis spil. Rother 814.
sît si jehent, ez si niht ein kinde spil,
dem ein wîp sô nâhen an sin herze gê. MSF. 138, 5.
so enwirt ez niht ein kindes spil. Walther 102, 7.
daz dunkt mich niht ein kindes spil. Virginal 530, 13.
es ist nicht ein chindenspil. Ring 18. 36.
minne, êst niht ein kinde spil. MSH. I, 354a.
mir ist niht ein kindes spil. MSH. II, 261a.
ich sag ez ûf min triuwe, ez ist niht ein kindes spil.
 Gr. Wolfdietrich 1596, 2.
herr es ist nit ein kinderspil. Königin von Frankreich 3539.

wir von Kinderspielen unsers Alterthums nichts wissen[1]), so ist dies zu viel behauptet. Denn so vereinzelt auch Nachrichten darüber vorkommen, so geben sie gesammelt und aneinander gereiht doch ein ziemlich reiches Bild von der Kurzweile der Kinder, und die spätern Spiele derselben treten ergänzend herbei; denn wir können annehmen, dass das Meiste, woran die heutigen Kinder sich ergötzen, ein altes Erbe sei, was Rochholz[2]) oft so treffend nachgewiesen hat.

Wie bei den Griechen und Römern[3]) und wie es heutzutage noch der Fall ist, war wohl das erste Spielzeug des Kindes auch bei unsern Vorfahren die Klapper. Ja dieses Spielgeräth war in Deutschland schon vorhanden, noch ehe der Germane dessen Boden betrat; denn man fand Kinderklappern in den Heidengräbern im Prattelerwalde in Baselland[4]) und bei Truchtelfingen in Würtemberg[5]). Finden wir in den mittelhochdeutschen Dichtungen auch keine Belege für dieses Spielzeug, so ist dessen Gebrauch doch sicher anzunehmen, da sich in der Kinderwelt so wenig ändert und, wie wir sehen werden, das Meiste, was heute die Kinder unterhält und erfreut, schon im Mittelalter bekannt und benützt war[6]).

Dem Kinde, das seine Händchen gebrauchen kann, reicht man gerne Obst oder ein Ei, denn „die Freude an allerlei Früch-

---

1) Deutsche Frauen 83.
2) Alemannisches Kinderlied und Kinderspiel aus der Schweiz. Leipzig 1857.
3) Guhl, Leben der Griechen und Römer I, 215. Becker, Charikles I, 29.
   Gallus I. 26.
4) Zürich. antiquar. Mitteil. II, 12. Rochholz 356. 364.
5) Schwäbischer Merkur. 22. Jänner 1852. Rochholz 356. 364.
6) Die mhd. Benennung für die Kinderklapper war wohl klepfelin, denn grössere Klappern hiessen klaffe oder klepfer

    er nam eins siechen klaffen. Ulrich. Tristan 2238.
    in sin hant einen stab er nam
    und ein kleppfer. Diocletian 8545.
    kung Alexander sin kleppfer gefieng.
    er kleppfert für die andern gar. Diocletian 8555.

Die Drehklapper, Ratsche, hiess vermuthlich razze oder snurre. Die Deutschen im Fersinathale, welche in ihrem Dialekte noch sehr alte Wörter besitzen, nennen sie Snurra. Mir kommt es wahrscheinlich vor, dass in der Stelle:
    nim mit dir die trümel din
    und slach si nach der snurren. MSH. III. 197b.
eine ähnliche „Rassel" gemeint sei.

teu und Erzeugnissen der Natur ist allen Kindern gemein". Eier werden öfters erwähnt:

> daz kint daz weinde unde schrei
> diu vrouwe bôt dem kint ein ei. Boner 63, 8.
> sie (minne) heizt den wîsen suochen
> in der gluote mit dem kint daz ei,
> sô bricht sie im den sin entzwei. Krone 104^b.

Dass nach Art unserer Ostereier gemalte Eier den Kindern besonders gefielen, bemerkt Freidank 125, 17:

> ein kint naem ein gemâlet ei
> für ander drin oder zwei. [1)]

Ein Dichter sagt:

> „Ein kint den apfel minnet
> und naeme ein ei vür des riches lant". HGA. 21, 54.

und das Jesukindlein wird wohl aus demselben Grunde auf sehr alten Bildern mit einem Apfel dargestellt[2)]. wie es uns auch im Gedichte „das zwölfjährige Mönchlein" entgegen tritt.

> „ein rôten epfel in der frist
> truoc daz kleine kindelîn
> in der zeswen hende sîn." 121.
> „zehant den rôten epfel scheip.
> Jêsus dem jungen müuechlîn," 134.

Freidank erwähnt auch das Nüsseschälen 127, 2:

> swâ nüzze schelnt diu kindelin,
> dâ mac des lônes lihte sîn.

Dass man den Kindern, um ihnen Vergnügen zu machen, Brod reichte, berichtet uns die Stelle:

> dô sazte man den kleinen, daz er bî der tavele stuont.

---

1) Die Ostereier nennt Murner:
so sein auch vil schwanger huren.
die ietz vff ostereyer huren. Gross. luth. Narr S. 42.
Ein Prediger des 17. Jahrhunderts, Maurus von Griesskirchen, sagt darüber: Wir begehen an heut das hochheilige Osterfest, pflegen einander gefärbte Ayr zu verehren und wollen hierdurch andeuten, das Ayr seye ein Abbildung unsers glorwürdigen von dem Todt aufferstandnen Heiland Jesu. Horologium II, 141.

2) In Tirol. z. B. in den Gnadenbildern zu Maria-Stein und Maria-Larch. Nach der Legende reicht St. Hermann Joseph dem Jesuskinde einen Apfel. den er freundlichst annimmt. Hocker. Volksglaube 49.

dô er geloufen mohte, als noch die kindel tuont,
dô gap man im durch liebe brôt in sîne hant.
Wolfdietrich A. 38.

Eine Hauptunterhaltung der Kinder bilden aber die Hausthiere: Hund und Katze; sie sind die geliebten Genossen der Kleinen. Der Verkehr mit diesen Thieren wird desto grösser und inniger gewesen sein, je weniger der bunte Kindertand der Jetztzeit damals bekannt war. Dass kleine, niedliche Hunde selbst bei Mädchen und Frauen beliebt waren, bezeugen uns mehrere Gedichte. Tristan macht das „hündelîn Petîtcrîu" der schönen Isolde zu ihrer Freude zum Geschenke (Tristan M. 409, 29 ff.) und in Wigalois lesen wir:

„an der selben stunde
lief vor in ein bräkelîn,
daz niht schoeners mohte sîn.
daz was blanc über al:
niwan ein ôre was im val,
daz ander rôt alsam ein bluot.
des wart diu maget wol gemuot:
wande si des selbe jach,
daz si nie deheinez gesach,
daz ir z'ihte maere
wider daz selbe waere.
des wart der rîter harte vrô.
daz hundelîn vienger dô
und leit ez für si ûf ir kleit.
des wart diu maget vil gemeit,
mit grôzen fröuden si dô reit." 60, 23.

Ein Hündlein machte die gefeierte Dame dem Lichtensteiner zum Präsente [1]), und im grossen Wolfdietrich werden schon Schoosshündchen erwähnt:

„In einem palast wîte manig schoene maget
sach er bî den zîten, daz im sô sêre behaget,
klein hündelîn im schôze und manig hermelîn." 1374.

Wiederholt erwähnt der Dichter der Virginal die Vorliebe der Damen für kleine Hunde und Hermeline:

---

1) Frauendienst 114, 23 ff.

„sî mit einander giengen
in einen wünneclîchen sal;
sî zuo ir vrouwen drungen,
dâ vil der kleinen hundel bal
und vogel in kevjen sungen,
dâ marder, harm, dâ vêhe lief,
daz in vil kiuscher megde schôz
wonde und in ir buosem slief." 138, 6 ff.

„und ouch diu vrouwe schoene,
diu dâ hât daz hermelîn,
daz spilt in ir schôze?" 352, 6.

kleiniu hundel, salterbuoch
sî ûz den schôzen valten. 130, 8.

„etelîch (megetîn) heten hundelîn
loufende in den gèren,
eichörnel unde hermel fîn". 659, 7.

„die megede sich bereiten gar
und wurfen die hundel ûz dem schôz." 671, 12.

„ir hermel und ir hundelîn
diu spilten in ir gêren." 848, 7.

Als der Zwerg das wonnevolle Leben der Mädchen schildert, sagt er:

„ein wazzer diuzet durch den berc
in ein gezelt sô rîche.
dâ bî sô loufent hermelîn,
eichhorne unde wiselen vil:
mit den sô spilent hundelîn". 560, 9.[1])

Ein besonderes Vergnügen mochten aber die Kinder an Vöglein haben, denn im Gedichte: „Hundes nôt" V. 75 heisst es:

„Ich geswîge danne umbe kint,
den vogele alsô liep sint." [2])

und Stellen wie:

„Sun, sô der vogel ê rehter zît
von sînem neste fliegen wil,

---

1) Johann Pauli schreibt in „Schimpf und Ernst" (Oesterley S. 58): „ein burger, der het ein hund, der was seiner Fraunen und im gar lieb, wie die mistbellerlin seind, ettwan lieber dann got".
2) Reinhart Fuchs s. 293.

sich selben er vil lihte git
den tumben kinden zeinem spil" Winsbeke 32, 1. —
„Von neste ein vogel ze fruo gevlogen
der wirt den kinden lihte ein spil;
die vedern werdent im enzogen." Winsbekin 9, 5.
„Der vogel sich selben triuget,
der von dem neste vliuget
ze vruo, der wirt der kinde spil." HGA. 26, 295.
bestätigen die Lust der Kinder an Vöglein. Darauf deutet auch
der kindlichen Sigune Frage, ob die Minne ein Vogel sei:
„od fliuget minne ungerne uf hant durh die wilde? ich kann minn
wol locken." W. Titurel 64, 4 [1]).

Das Mädchen, das den Sperber erblickt, spricht zum Ritter
mit Neugierde und Bewunderung:
„sô tuot mir bekant,
wie iuwer vogelin sî genant:
im sint sîn vüeze sô gel,
sîn ougen schoen und sinewel,
sîn gevidere vêch unde sleht;
waere im wan sîn snabel gereht,
so enwaere kein gebreste dran.
vil wol ich mich des entstân,
daz ez vil suoze singet.
swelher vrowen irz bringet,
diu muoz iu immer holt sîn;
ez ist ein schoenez vogelin."
HGA. 22, 95 ff. Lambel S. 299.
und will den Vogel um jeden ihr möglichen Preis kaufen:
„si sprach: „man git mir selten
ze pfrüende pfenninge;
kumt ir an ein gedinge,
daz ich mac gehân,
ich lâz des koufes niht zergân.
sô gern het ich daz vogelin".
HGA. 22, 116 ff. Lambel S. 299.

---

[1]) Vgl. „Und fleuget minne zu handen? oder ist sie wilde? ich kan ir wol
locken." J. Tit. 697, 4.
„Sie mag liht wol ein voglin sin: sprinzel, turteltûbe,
galander, nahtigal, merlin, sittich an vederstrûhe." J. T. 702, 1.

Als es ihr gelungen war, den ersehnten Vogel durch ihre Minne zu erwerben, zeigt sie denselben mit kindischer Freude ihrer Meisterin:

„si sprach: „vil libez müemelin,
ditze schoene vogelîn
hân ich gekoufet ringe
ân alle pfenninge."
HGA. 22, 207 ff. Lambel S. 302.

Gottfried von Strassburg erzählt uns, wie die zwei Söhne Ruals ihren Vater baten, dass er ihnen Tristans wegen Falken kaufen heisse, und setzt bei: „wan kint der dinge vlîzec sint". Tristan 55, 40. Am tiefsten und innigsten schildert uns aber die Liebe der Kinder zu den Vögeln und den zauberhaften Eindruck des Vogelsanges auf das kindliche Gemüth Wolfram, wenn er von dem jungen Parzival erzählt:

„Swenne abr er den vogel erschôz,
des schal von sange ê was sô grôz,
sô weinder unde roufte sich,
an sîn hâr kêrt er gerich.
sîn lip was clâr unde fier:
ûf dem plân am rivier
twuog er sich alle morgen.
erne kunde niht gesorgen,
ez enwaere ob im der vogelsanc,
die süeze in sîn herze dranc:
daz erstracte im sîniu brüstelîn.
al weinde er lief zer künegîn.
sô sprach si: „wer hât dir getân?
du waere hin ûz ûf den plân".
ern kunde es ir gesagen niht,
als kinden lihte noch geschiht.
dem maere gienc si lange nâch.
eins tages si in kapfen sach
ûf die boume nâch der vogele schal.
si wart wol innen daz zeswal
von der stimme ir kindes brust.
des twang in art und sîn gelust.
frou Herzeloyde kêrt ir haz
an die vogele, sine wesse um waz:

si wolt ir schal verkrenken.
ir büliute unde ir enken
die hiez si vaste gâhen,
vogele würgen unde vâhen.
die vogele wâren baz geriten:
etsliches sterben wart vermiten:
der bleip dâ lebendic ein teil,
die sît mit sange wurden geil.
der knappe sprach zer künegîn:
„waz wizet man den vogelîn?"
er gert ir frides sâ zestunt". Parzival 118, 7 ff.

Wir dürfen uns über die Freude der Kinder an den Vöglein und an ihrem süssen Sange um so weniger wundern, da selbst die Dichter ihr Vergnügen an denselben immer kund thun und die singenden Vöglein neben den springenden Blumen und dem grünen Klee unermüdlich preisen[1]).

Man begnügte sich aber schon damals nicht an dem Sange

---

1) So häufig die Singvögel im allgemeinen erwähnt werden, werden nur wenige namentlich genannt. Am häufigsten begegnet uns die Nachtigall, z. B. MSH. I. 10a. 24b. 25a. 26a. 65a. 89a. 91a. 92b. 133b. 138b. 142b. 151a. 169a. 300b. 304a. 310b. 316a. 335ab. 347b. 354b. 356ab 357a. 358a. 359b. 360b. 361b. 362a. II. 68b. 74b. 77a. 80a. 84a. 318a.l. 320a. MSF. 99. 127. 132. Neidhart 8. 16. 14. 25. 18. 15. 26. 29. 27, 2. 31, 21. 38, 17, 42, 36 Wigalois 11. 22. 92. 21. Flore 183. Hugdietrich 61. Wigamur 1189 etc. Daneben der Galander, Haubenlerche z. B. Wigalois 11. 22. Flore 182. Tristan 424, 17. Heinzelin ML. 625. Engelhart 4808. Partenopier 5588. Wigamur 1189 Krone 6304. Herzog Ernst 3522. J. Titurel 2374 2. MSH. II. 398b. Seltener werden genannt die Lerche: Parz 378. 7. Kaiserchronik 11740. Hundesnot 9 (Reinhart p. 291) Neidhart 35, 5. Troj. Krieg 10033. Partenopier 5588. J. Titurel 1945. 3. Wolkenstein p 129. 139. MSH. I. 23a. 142b. 202a. 361a. II. 18a. 134a. 238b. 261a. 316a. Die Drossel: Tristan 424, 15. Neidhart 26. 29. Heinzelin ML. 624. MSH. I, 361a. II, 238b. Troj. Krieg 10034. Hugdietrich 61. Herzog Ernst 8522. Die Amsel MSH. II. 288a. Heinzelin ML. 625. Das Merlein (Amsel). Tristan 424. 15. Neidhart 31, 25. MSF. 59, 27. 77, 36. Der Zeisig: Tristan 424, 17. Neidhart 31, 25. MSH. I, 362a. III. 260. Laurin E. 487. Orendel 997. Haupt Zeitschr. IV. 408. Wolkenstein p. 140. 256. Der Finke: Haupt Zeitschr. VII. 329. Heinzelin ML. 626. Herzog Ernst 3522. Wolkenstein p. 139. Die Meise: Reinhart 177 ff. J. Titurel 2128, 4. 4536, 3. Wolkenstein p. 140. Der Stieglitz (Distelfink): Haupt. Zeitschr. IV. 408. Das Künigl (Zaunkönig): Wolkenstein p. 140. Nachbildung des Vogelsanges, s. Wolkenstein p. 140 ff.

der frei fliegenden Vögel, sondern fieng [1]) und hielt sie zur Unterhaltung. Deuten schon die Stellen:

---

1) der vogel sich mir gelichet,
den der vogelaere erslichet. Germ. Stud. I, 17.
Man fieng die Vögel, wie heutzutage mit Leimruthen. (Mhd. Wörterbuch II, 817b. Lexer I, 1923) z. B.:

>daz der minnende muot
>reht als der vrie vogel tuot,
>der durch die vriheit, die er hât,
>ûf daz gelîmde zwî gestât:
>als er des lîmes danne entsebet
>und er sich ûf ze vlühte hehet,
>sô klebet er mit den vüezen an.
>sus reget er vedere unt wil dan,
>dâ mite gerüeret er daz zwî
>an deheiner stat, swie küm ez sî,
>ezn binde in unde mache in haft;
>sô sleht er danne ûz aller kraft
>dar unde dar und aber dar,
>unz er ze jungeste gar
>sich selben vehtende übersiget
>und gelîmet an dem zwîge liget   Tristan 23, 3.

Vergl. Gesammtabenteuer II, 308.

Ein vogel, der in dem leim gefangen würt, wann er daruff sitzt, vff die leimruot, vnn uoff wil fliegen, so k: n er nicht vffkummen, wann die flügel hangen im in dem leim, vnnd was sie vbersich ziehent, das zücht dann der leim vndersich. Keisersperg, von den XV. staffeln. Brosämlin 17a.

oder mit Schlingen:

>als ouch der vogelaere tuot,
>der machet ûz deme rîse sînen huot
>und recchet vil lise
>den chloben vor deme rîse
>mit hârinen snuoren.
>er wirvet ouch dâ michel ungevuore.
>die ouch gesizzent an den chloben,
>die werdent vil diche betrogen.
>er ziuhet si hin in dâ
>vnd enthoubet si iesâ.   Haupt, Zeitschr. I, 270.

Von Heinrich I. heist es in Lohengrin 3165 ff.:

>under stnnden man in schimpfe in nante den vogelaere:
>dô er ze künege wart genomen
>unde der vürsten boten nâch im wâren komen,
>mit einem kloben er vogelt, daz brâht daz maere.

Wie verbreitet diese Art des Vogelfanges war, beweisen uns die vielen darauf bezüglichen Stellen:

„daz hôrte man zallen stunden
in den gewelben schellen;
die kleinen hunde bellen,
die rîgen vaste klingen,
manegen vogel singen
in den liewen überal:
galander unde nahtegal
ieglîcher sîne stimme sanc". Wigalois 11, 17.
„daz wir nû guot gemach
suochen zeime holen berc,
dâ dienet iu vil getwerc
und ir vindt kurzwîle vil:
vogelsanc und seitenspil.   Laurin E. 1290.
darauf hin, so bestätigen uns dies schlagend die Belege:
„vil manige seiten suoz erklungen
vil manige vogel lieplich sungen,

vogele gevangen ûf dem klobn
si mit freuden âzen-   Parzival 273, 26.
an der bâre begunde er kleben,
als der vogel an dem kloben.
            Mariâ Himmelfahrt 670. Haupt, Zeitschr. 8. 185.
sô koment sie rehte, alsam si toben,
als die vogel zuo dem kloben.   Renner 12076.
wan si dem vogelaere seit,
daz er zem kloben si bereit.   Wälscher Gast 892.
der amsel tuen ich ungemach
und manger droschel ausserwelt
ze ôbrist auf dem Lenepach
mit ainem kloben, der si fellt,
wenn ich das schnürlin zucke
in ainer hütten wol gedeckt
mit rauben esten, lustlich grün.   Wolkenstein 71, 2, 1 ff.
Ein Holzschnitt in Brandts Narrenschiff stellt einen Narren vor einem
ausgespannten Vogelnetze dar.   Simrocks Uebersetzung S. 91.
Das Locken der Vögel wird öfters erwähnt, z. B.
            der vogeler suoze pfifet,
            ê er den vogel begrifet.   Frauenlob 317, 13.
diu valsche stimme verleitet den vogel rehte unz ûf den kloben.
                        MSH. II, 152ᵇ.
In Reinardus 2, 814 kommt schon das Sprichwort vor:
            una avis in laqueo plus valet octo vagis.

vil manige busûn lût erhal
in des rîchen küniges sal." Laurin E. 1439.
„Von in wart kurzwîle harte vil getân.
ir liehten seiten klungen dô froelich sunder wân.
nahtegal und galander sungen wider strît
vil faste wider einander zuo der selben zit ¹)",

Gr. Wolfdietrich 1407,
und an einer andern Stelle desselben Gedichtes sind die Käfige ausdrücklich genannt:
„die vögel in käfigen sungen. waz mohte bezzers gesîn?" 1374, wie in Virginal:
und vogel in kevjen sungen. 138, 10.
Im Buche der Väter 3830 heisst es:
„ein nuwevangen vederspil
zemet man wol in eime coven."
Auch auf den Bildern des Walther von der Vogelweide in der Pariser und Weingartner Handschrift ²) sehen wir einen Vogelkäfig. Neidhart kennt den Ausdruck: „vogelhûs".
„Swer einen vogel haete,
der mit sange dur daz jâr
sînen willen taete,
dem solt er underwîlen zuo dem vogelhûse sehen
und gaebe im guote spîse;" 84, 32 ff.
Auch Megenberg kennt dies Wort, wenn er vom Stieglitz schreibt:
„er hât die art, sô er gevangen wirt und beslozzen in ainem vogelhäusel, sô zeuht er wazzer auf in ainem väzzel an ainem vadem mit seinem snabel und helt ez ze stunden mit ainem füezel unz er getrinket. daz ist ain wunder von der natûr, daz si dem klainen vogel die kündichait geit und tailt die witz doch nicht mit ainem rind oder mit ainem andern grôzen tier. also geschiht dicke, daz von diemüetigen armen läuten ain gar vernünftig witzig kint geporn wirt und von grôzen fürsten ain narr und esel kümt". 184, 4.,
und vom Häher sagt er:
„wenne man den vogel alsô jungen vaeht und in zeuht in

---
1) Das geschah in einem Saale.
2) MSH. IV, 161ᵃ.

ainem vogelhaus, sô lernt er reden und klaffet durch den tag, also daz in der sparwaer oft hin füert von seim klaffen." 199, 14.
Wirnt sagt:
> „in einem hûse von golde
> was er (der sitech) beworht: daz ist mir kunt,
> daz koste mê danne tûsent pfunt
> von golde und von gesteine.
> daz were daz was kleine,
> geworht vil meisterlîche". Wigalois 68, 15.

Von der Sehnsucht des gefangenen, wenn auch noch so gut gepflegten Vogels, nach der Freiheit sagt Conrad v. Würzburg:
> „er tet alsam daz vogellîn,
> daz wider in die grüene senet.
> swie vil man ez gemaches wenet
> bî den liuten anderswâ.
> sô waere ez doch vil gerner dâ,
> von dannen ez kam dar geflogen" [1]).
>   Partenopier 2742.

Auf zahme, abgerichtete Vögel deutet das schon vom Kürenberger gebrauchte Sprichwort:
> „wîp und vederspil,
> die werdent lîhte zam". MSF. 10, 17.

das uns auch im Renner:
> „kein vogel wart nie sô schier gezam,
> als wîp und meide an zühten lam." V. 12050

begegnet, und Rudolf von Ems verwundert sich, dass ein dummer Vogel so klug sei, dass er die ihn ätzende Menschenhand kenne und liebe:
> „lâ dir ein ebenmâze sîn,
> daz ein tumbez vederspil
> hât rehter sinne alsô vil,
> daz in eines menschen hant
> wirt heinlich unde liep erkant,

---

1) Ueber anderweitiges Vorkommen dieses Wortes s. Mhd. WB. I, 740ᵃ. Damit ist Al. Schultz, der in seiner Schrift: Ueber Bau und Einrichtung der Hofburgen, s. 31 sagt: „mir ist kein Beispiel aus mittelalterlichen Schriftstellern bekannt dass von gefangenen Singvögeln erzählt würde" hinreichend widerlegt.

> durch daz ez dâ vindet gar
> heinlich liep und lipnar;
> swie sîn geslehte ungerne sî
> menschlîchem künne bî,
> daz mensche ez niht verbirt,
> als ez bî im gezamet wirt.
>
> Barlaam 220, 31 ff.

Von zahmen Staren und Sittichen (Papageien) geht öfters die Rede. Schon im Ruodlieb wird von Staren und deren Zähmung berichtet:

> „Cum per aperturas in domate quis sibi micas
> praebet, mox illo concurrebant adhiando,
> captantes avide quid quit contingere cuique.
> Sic consuefactae sunt post modicum cito cunctae,
> quin post, ostiolum sibi cum fieret patefactum,
> in manibus resident, quod eis datum accipiebant,
> dumque sunt saturae leniendo manuque politae
> doma sua sponte certatim mox subierunt,
> et componendo rostris pennas, residendo.
> Sic gaudendo, diem quod non siluere per omnem,
> oblectamentum fit herili deliciosum,
> cum nimis insuave senibus sit tale quid omne.
> Pabula nulligena, vel aqua stant in domicella
> sturnorum, sed eos duxere fame domitandos,
> ut per aperturas poscant escas sibi dandas.
> Quod primo veteres nimium renuere parentes;
> cum pullis non dant, has illi deseruerunt;
> quae digitum praebent, his illi mox adhiabant.
> Eligitur sciola super hos doctura magistra.
> Nostratim fari, „pater" et „noster" recitare
> uspue „qui es in coelis" lis lis lis triplicatis,
> Staza soror, „canite, canite" doceat geminare;
> quod pulli discunt, veteres, quam discere possent."
>
> VIII, 2 ff,

Heinrich von Morungen singt:

> „Waer ein sitich oder ein star; die mehten sît
> gelernet hân, daz si spraechen Minnen". MSF. 127, 23,

und in einem andern Liede mit Bezug darauf:

„ichn weiz wer dà sanc:
ein sitich und ein star ân alle sinne
wol gelernten, daz si spraechen Minne":
wol, sprich daz und habe des iemer danc". MSF. 132, 7.
Auch sonst wird öfters der sprechende Sittich erwähnt:
„ich wolte, daz der anger sprechen solte,
als der sitich in dem grüenen glas". MSH. I. 112ᵃ·
„und einen sitech, der wol sprach,
swaz er sprechen wolde". Wigalois 68, 13.
„der sitech stuont vor in und sprach,
als er die juncfrouwen sach:
„willekomen, liebiu frouwe mîn!
ich solde et iwer ze rehte sîn.
mit gewalte bin ich iu benomen.
von swelhem dinge, daz sî komen
daz nider got und rihtez hie:
wand er gestuont dem rehten ie". Wigalois 74, 22.
und Megenberg 221, 31 ff. berichtet davon:
„er hât ain grôz prait zungen und dar umb macht er auch gestuckteu wort sam ain mensch, als schôn, sachst dû sein niht, dû waendest, ez waer ain mensch. er grüezt den menschen und spricht: ave chere, daz spricht in wälbisch: got grüez dich, lieber, oder er grüezt mit andern worten, als er gelernt hât. iedoch lernt er in dem êrsten oder in dem andern jâr allermaist und helt diu wort allerlengst". Nach Conrad von Würzburg meidet dieser zahme Vogel den Wald:

ir huote flôch er unde ir phlege,
sam den tau der sitikus. Partenopier 3942.

Auch die Elster hielt man und richtete dieselbe zum Sprechen ab.

Von ihr sagt Megenberg 219, 28: „wenn sie gevangen wirt in der jugent, sô lernt si mensleichiu wort und stirbt mangeu von der swaerikait für ze pringen etleichiu wort", und Keisersberg: „Ein atzel in eim keffig die spottet yederman vnd kan reden, wie man sie gelert hat, ietz schryet sie, wie ein ross, ietz wie ein schaff. Wan man sie aber pfetzet, so schryet sie yr natürlich geschrei, wie ein atzel vnd dan so hôrt man, das sie ein atzel ist." Emeis 24ᵇ·

Nahegelegt war dem Liebenden der Wunsch, das zahme Lieblingsvöglein seiner Gefeierten oder ihm gleichgestellt zu sein. Ihn drückt schon H. von Morungen aus:

„Sie hât liep ein kleine vogellîn,
daz ir singet und ein lützel nâch ir sprechen kan:
müest ich dem gelîche ir heinlîch sin,
sô swüere ich des wol, daz nie frouwe selchen vogel gewan."
MSF. 132, 35.

und in einem Gedichte, das irriger Weise Neidhart zugetheilt wurde, lesen wir:

„Mich dunkt in mînem muote, ich wolt ein zîsel sîn,
sô trüege mich mîn vrou gemeit
schône zaller stunde.
Hei! sô waere daz diu beste vröude mîn,
daz mir trinken waer bereit
ûz ir rôtem munde,
sô saehe ich durch die roete ir zendel wizen;
eines dinges des wolt ich mich vlîzen:
vor liebe wolt ich sie in ir züngel bîzen". MSH. III, 260ᵃ·

Die Kinder erlustigten sich auch in anderer Weise an gefangenen Vögeln. Denn wie sie heutzutage Hirsch- oder Maikäfer an einen Faden binden und dieselben fliegen lassen[1]), so scheinen sie dies Spiel früher auch mit Vöglein getrieben zu haben. Wenigstens erzählt uns schon Geiler von Kaisersberg in seinem Granatapfel (gedr. 1511) davon: „Wenn ein knab ein spetzlin gefacht, so bindt er es an ainen faden, etwan ains arms lang oder zwaier, und lasst das spetzlin fliegen und behelt den faden in der hand; so fleugt es auff und maint, es wöl hinweg, so zeucht der knab den faden zu im, so felt das spetzlin wieder ab"[2]). Das innige Wohlgefallen des Kindes an Vögeln und andern Thieren, der kindlich gemüthliche Verkehr mit denselben spricht sich in dem alten, durch ganz Deutschland verbreiteten Märchen aus, demzufolge die Hausotter mit einem Kinde Milch schlappte[3]).

---

1) Im Kleiderbuche der beiden Schwarz spielt der kleine Veit zwischen 1544–46 im Garten mit Maikäfern, welche er an einem Faden fliegen lässt. Gute, alte Zeit 560.
2) Rochholz 464.
3) Grimm, Märchen Nr. 105. Vonbun, Sagen Nr. 57. 61. Zingerle, Märchen 2. S. 106. Lütolf Nr. 270. Vernaleken, Alpensagen Nr. 172.

Allein nicht nur lebende Thiere bildeten das Spielzeug der Kinder, sondern es wurden ihnen frühe schon Bilder derselben in Thon, Holz und Metall zur Kurzweile gegeben. Weinhold sagt in seinem altnordischen Leben p. 592: „Dass die altnordischen Kinder mit solchen Dingen spielten, beweist ein Fund von kleinen, aus Kupfer getriebenen Thieren, die man am isländischen Strande im Anfange des vorigen Jahrhunderts auffand: es war wahrscheinlich die Sammlung eines fremden Händlers, der damit strandete. In den Sagas wird ausdrücklich von diesem Spielzeug erzählt. Zwischen den Vettern Steinolf Arnorsson und Arngrim Thorgrimsson bestund sehr grosse Freundschaft; als einmal der vierjährige Steinolf den zwei Jahr ältern Arngrim bat, ihm sein Messingpferdchen zu leihen, so schenkte er ihm dasselbe edelmüthig: „er sei ohnehin schon zu gross, um damit zu spielen". In den Flachter Germanengräbern soll ein beinernes Pfeifengänlchen gefunden worden sein [1]) und oft finden sich in uralten Gräbern Vögel von Thon, die inwendig hohl und mit Klappersteinen gefüllt sind.[2]) Die Kinder mochten wohl auch selbst versuchen, aus Erde oder Lehm Vögelchen zu bilden, wie uns dies in so lieblicher Weise in der Kindheit Jesu erzählt wird.[3]) So oft ich diese Stelle las, schien es

---

1) Preusker, vaterländische Vorzeit 1844. Rochholz S. 356.
2) Weinhold, altnordisches Leben S 292.
3) Eines tages er nam
ein kint zuo sich unde kam.
dâ man leim gruop;
ein höfschez spil er huop.
er bat sine geverten,
daz si grüeben unde berten
leim, als er solte sin.
er machte siben vogelin
kleine und doch wol getân.
nû quam ein jude dar zuo gegân,
ez was aver samztac.
er sprach „wie kumt, daz ich enmac
nieman daz gelêren,
disen tac sol man êren,
der uns ze viren ist geben.
Jêsus, du swachest unser leben,
si entaeteus niht wan durch dich."
sin werc hete er für sich
an die sunnen gesat.

mir, dass der Dichter bei diesen Versen an sein eigenes glückliches Spielen in der Kindheit gedacht habe.

Von anderartigem Spielgeräthe haben wir nur wenige Andeutungen. In der Legende von der heiligen Elisabeth wird erzählt, dass die milde Heilige den Kindern nicht nur Speisen sondern auch Spielzeug spendete:

„Aller hande kindesspil,
krûseln, fingerlîne vil,
diu gemachet werden
von glase und ouch ûz erden
unde ander cleinôde gnuoc" [1]).

Im Gedichte: „das Häselein" sagt das Mädchen (der jâre ein kint, und ouch einvalt):

„Herre, ich hân in mîne schrîn
beslozzen driu pfunt vingerlîn,
und zehen bikkelsteine,
und einen borten kleine,
sîdîn, mit golde wol durchslagen". HGA. 21, 90.

und Hartmann erzählt:

„dar zuo liebet er sî,
swâ mite er ouch mohte,
und daz dem kinde tohte
zuo ir kintlîchen spil,
des gap der herre ir vil.
ouch half in sêre, daz diu kint
sô lîhte ze gewenenne sint.
er gewan ir, swaz er veile vant,
spiegel unde hârbant,

jener ungefüege trat
nitlich mit dem fuoze dar
und wolte siu zefüeren gar.
ditz was wunder genuoc,
Jésus die hende ze samene sluoc.
der die tôten erwacte:
die vogele er ûf schracte.
er gebôt in, daz si flügen,
lebten unde junge zügen. Feifalik 1725. Hahn 101, 40.

Vergl. Walther von Rheinau. Marienleben (101) 1 ff.

1) Diutisca I, 389.

> und swaz kinden liep sol sîn,
> gürtel unde vingerlîn." Arm. Heinrich 328 ff.

Kruseln, Bickelsteine, Ringlein werden hier namentlich aufgeführt. Ganz charakteristisch ist die obige Aufzählung der Habseligkeiten im Munde des naiven Mädchens, denn ohne Zweifel bewahrten die Mädchen ihren Spieltand sorgfältiger auf, als die Knaben, wie Sorgfalt und Sparsamkeit künftigen Hausmüttern geziemt. Der künftige Beruf der Mädchen ward auch schon in ihrem Spiele mit den Tocken angedeutet. Sie üben sich ja an den Puppen im voraus an die künftigen Mutterpflichten. Das Spiel mit den Tocken [1]) wird oft erwähnt oder es wird darauf angespielt. In Mai und Beaflor heisst es:

> „dû waere noch in der jugende,
> daz man dich mit den tocken
> billich noch solde locken." 175, 40.

und H. von Labers singt:

> „der tocken wol mit im ze spilen waere,
> als ic diu kint erdenkent
> durch zîtvertrîben gämelicher maere." Jagd 351.

In Virginal liest man:

> er waenet dâ ze Berne sîn,
> mit kinden spilen der tocken
> und swaz sî habent in ir laden,
> daz er daz lâze durch sîn hant
> und in nâch trage ir prîsevaden. 203, 9 ff.

Am öftesten erwähnt aber die Tocken Wolfram von Eschen-

---

[1]) Tocke ist der alte deutsche Ausdruck, während das Wort Puppe, wenn nicht durch das lat. puppa, durch das Französische nach Deutschland gekommen ist. Im Althochdeutschen begegnet: tocha, tohcha, doccha in der Bedeutung des lat. puppa. Graff, althd. Sprachschatz VI, 264. — Keisersperg gebraucht Puppe: „In der kindheit lerestu sie ein schellendentzlin dantzen, du lerest si spötwörtlin reden und unnütze ding reden, fluochen und schweren und lerest sie uff buppen hoffertig sein." Emeis 60b. Ebenso Fischart:

> „Sie hetten alls geziert, gebutzt,
> Gleichwie ein Kind die Buppen mutzt,
> Auf das die Leut sich dran vergaffen".
>   Kuttenstreit 137. Werke I, 104.

bach, der wohl an die Puppenfreude seiner eigenen Tochter[1] dabei dachte, wie er es einmal ausdrücklich thut:

"mîner tohter tocke
ist unnâch sô schoene." Willehalm 33, 24.

In Parz. 372, 15 lesen wir:

"des burcgrâven tohterlîn,
diu sprach: "nu saget mir, frouwe mîn,
wes habt ir im ze gebne wân?
sît daz wir niht wan tocken hân,
sîn die mîne iht schoener baz,
die gebt im âne mînen haz."

Die junge Sigune bittet den Vater, ihren Schrein mit Tocken zu füllen,[2] und in ihrem Zwiegespräche mit Schionatulander fragt sie diesen, ob sie die Minne bei den Tocken verwahren solle[3]. Gawan drückt die kindliche Obilot wie eine Tocke an seine Brust[4], und vom heissen Kampf auf Leben und Tod sagt unser Dichter, er sei kein Tockenspiel[5].

Im jüngern Titurel finden sich folgende hierauf bezügliche Stellen:

"die dritte was ze kleine zu solher kunste,
den tocken truoc sie holden muot mit gunste." 468, 3.

"alsam die kinder spilent mit den tocken." 1370, 4.

"daz ist ein spil mit tocken." 1548, 11.

daz ich dich, herre, wagete nâch kindes tocken ziere" 1203, 1.

"einen halben gêren, des ein kleine tocke
bedarf, daz wart niht funden keiner genze" 3480, 2.

"wie dirre strît ein spil tocken waere" 4533, 2.

"sô fuort (er) einen man wol sam ein tocken" 5560, 4.

Auch in andern Gedichten finden wir das Tockenspiel nicht selten erwähnt, z. B.

---

[1] Simrock 760. — Holland. Geschichte der altdeutschen Dichtkunst in Bayern 129.
[2] Daz kint sprach: "liebez veterlîn, nu heiz mir gewinnen
min schrin vollen tocken, swenn ich zuo miner muomen var von hinnen".
Titurel 30, 1. Vergl. J. Tit. 655, 2.
[3] "muoz ich si behalten bi den tocken?" Titurel 64, 3. Vergl. J. Tit. 697, 3.
[4] "er drúctez kint wol gevar
als ein tockn an sine brust." Parz. 395, 22.
[5] "sine spilten niht der tocken:
ez galt ze beder sît daz leben." Willehalm 222, 18.

„Ein biderbe herre gedenken sol,
swenne man im sprichet wol:
„ist daz wâr daz euer seit?"
liugt aver er, sô sî im leit
daz in der lôser triegen wil
mit sô getânem tocken spil:
wan dar nâch zeiner andern vrist,
swenner von im komen ist,
sô erzeiget er vil wol,
daz man niht waenen sol,
daz ein tocke ein kint sî.
daz erzeigt er wol dâ bî,
daz er die tocken birget gar
und saget danne vür wâr,
daz ener sî ein boesewiht". Wälscher Gast 3601 ff.
„als der tocken spilt der Walch mit tiutschen vürsten:
er sezzet si ûf, er sezzet si abe.
nâch der habe
wirfet er si hin unt her als einen bal." MSH. II, 361ᵃ·
„der werlde vröude ist tockenspil" Türlin, Willehalm 16ᵃ·
Wie wir heutzutage sagen: „schön wie eine Puppe", so wurden schon damals gezierte, hübsche Mädchen mit Tocken verglichen oder solche genannt:
„Vriderûn als eine tocke
spranc in ir reidem rocke." Neidhart 26, 2.
„Paraklîsen, die fînen tocken,
die sach man dô ûf sitzen." Wilhelm von Oesterrîch Stuttg. Hs. 69ᶜ·
„du hieze mich zuo dem grâle ein tocke wunschelbernde." J. Titurel
5169, 1 ¹)
„ach raines tockel,
traute schoene tocke!" Wolkenstein 62, 1, 11.

---

1) H. v. Langenstein nennt die h. Martina: „diu himelsche tocke" Bl. 149, 9. 216, 27.
Namentlich wird das Compositum sumertocke für das sommerlich herausgeputzte Mädchen, für die geliebte Schöne gebraucht:
„sit mich unheil mit vâre gescheiden hât von miner sumertocken." J. Titurel
(5166, 3.
„dû rehtez sumertöckel" MSH. II. 93ᵃ.
„daz sint sumertocken". MSH. II, 82ᵇ.

„nû forcht
dich nicht, mein auserwelte schoene tock." Ebendort 77, 3, 3.
„wie wol si kan, di liebe dock." Ebendort 91, 3, 9. ¹)
„bistus der freuden tocken" Ebendort 30, 3, 28.

Während die Mädchen mit ihren Puppen sich als Mütter gebärdeten oder an kindischem Putze sich erfreuten, ahmten die spielenden Knaben das Thun und Treiben ihrer Väter nach. In treffender Weise sagt deshalb ein Schriftsteller des 17. Jahrhunderts:

„Dem Frauenvolk klebet eine sonderliche Zuneigung gegen den Kindern an. Das siehet man an denen kleinen Töchterlein, welche, obwol sie noch nit wissen, ob sie Mägdlein seind, noch viel minder, warumb sie solche seind, dannoch in ihren Kinderspielen aus Lumpen zusammengemachte Docken herumbtragen, wiegen, einfätschen und versorgen; dahingegen die Knaben mit Häusle bauen, Steckenreiten, Degen und Bixen, auch Altärlein machen beschäftigt seind." Arche Noe's S. 323. (Dillingen 1693).

Wie die Männer ihre Pferde tummelten, so ritt der Knabe auf seiner Gerte oder seinem Steckenpferde, und dies Spiel, das schon bei den Griechen bekannt war ²), wird von unsern Dichtern öfters er-

---

Geputzte Dorfmädchen heissen Dorftocken:
„Si gunden frölich schocken
vor den dorfdocken". Hälzlerin II, 67, 288.

1) Wolkenstein sagt von sich:
„recht als ein tock
wart ich beklait" 12, 3, 25.

Vergl. „der fuor als ein tocke." Wigamur 2021. Über Composita s. mhd. WB. III, 45ᵇ. wozu nachzutragen ist: goukeltocke. J. Titurel 2676, 2.

2) Charikles I, 33. Grasberger S. 281. Idque vidit, cui nulla pars sapientiae obscura fuit, Socrates: ideoque non erubuit tunc, cum interposita arundine cruribus suis cum parvulis filiolis ludens ab Alcibiade risus est.
Val. Max. VIII. c. 8. Ext §. 1.

Valerius der maister spricht,
das man von Socrates das sach,
dem doch chain weishait nicht geprach.
das sich der machet ser
so müssig oft nach seiner ler.
das er nam ain ror gemait
zwischen die pain und rait

wähnt, um das frühe Kindesalter zu bezeichnen. Schon Hartmann von Aue singt:

> „mir hât ein wîp genâde widerseit,
> der ich gedienet hân mit staetekeit
> sît der stunt, deich ûfem stabe reit." [1)]

und Ulrich von Lichtenstein sagt:

> „Dô îch daz hôrt, ich was ein kint
> und tump, als noch die jungen sint,
> sô tump, daz ich die gerten reit" 3, 21.

Andere Stellen sind:

> „der ich mich zeinem knehte ergab,
> dô ich reit kintlich ûf eim stab". Liedersaal II, 167, 93.
> „rite ein grâ man ûf und ab
> mit cleinen kinden ûf eim stab. Renner 2735 [2)].

Im Kleiderbuche der beiden Schwarz erscheint der etwas über ein Jahr alte Veit auf einem buntbemalten Steckenpferde mit einer Peitsche in der Hand [3)] und in Petrarcä Trostspiegel (1572) zeigt ein Bild ein Kind auf einem Steckenpferde, und ein anderes einen Knaben, welcher mit einer Windmühle in der Rechten auf einem solchen daher sprengt [4)]. Das beliebte Spiel des Reiftreibens oder Reifschlagens führt Keisersberg als ein allgemein bekanntes an: „Als die kint, die die reif treiben, die schlagen für vnd für vff den reif mit einem stecken" [5)] und Veit Schwarz schreibt ums

> mit den chinden und spilt mit in
> und legt die schame alle hin,
> das sein vernunft wurd creftig wider,
> des selben lacht Alcibia sider
> und spottet sein da an der stet,
> das er so gar chindisch tet.   Vintler 7181 ff.

Nicht länger lässt man die Kinder in die Schul gehen, als bis denselbigen anfanget der Verstand aufgehen, unterdessen gehen sie mit Stecken reiten, Dokenwerk unter andern Kindern und Bubenpossen um. Arche Noe's S. 98.

1) Lieder 4, 27. MSF 206, 18.
2) Vgl. „Wolt ir gemaches grifen zuo,
    sô ritet ir sanfter einen stap. Parz. 545, 27. Über dies Spiel s. Rochholz S. 466.
3) Gute alte Zeit S. 560.
4) Ebendort S. 563. Vrgl. über Steckenpferd und Windmühle. Rochholz. S. 466.
5) Emeis. Mone. Anzeiger IV, 151. Über dies Spiel bei den Griechen s. Grassberger S. 81.

Jahr 1550: „So was diess mein Freud, wenn ich aus der Schul kam oder hinter die Schul ging mit Vögel, triblen, klukern, Hurnaussen [1]) raifftreiben und dergleichen Freuden meer." [2]) Wie unsere Knaben gerne Pfeile schiessen oder Soldaten spielen, [3]) so ahmten damals die Knaben das Waffenhandwerk ihrer Väter nach und unterhielten sich mit Bogen und Bölzelein. Notker übersetzt die Stelle des 23. Psalmes: „sagittae infantium factae sunt plagae eorum" mit „iro strala wurden chindo strala, diu uzer stengelon iro scoz machont", und Wolfram sagt vom jungen Parzival:

„bogen unde bölzelin
die sneit er mit sin selbes hant,
und schôz vil vogele, die er vant." Parz. 118, 4.

Vom jungen Schionatulander heisst es:
„der was nû gewahsen, daz er bolzel unde bogen kunde houwen, dâmit kund er râmen der vogel in dem walde." J. Titurel 4386, 4. und Geiler predigt: „Sichst du nit, wenn man den jungen Kinden Bogen macht vnnd kleine Helzlach darauff für die pfeil oder pöltz vnnd darmit schiessent sy; aber sy kunden Niemant kein schaden thun und schiessen doch, und du werest in einem haus und werest gerne heraus vnnd es stund ein kleynes Kind vor der Thür vnd wölt dich schiessen vnd du derst nit heraus und du sprechest: „ey, man scheusst mich!" Pilgrim 1499.

Von den nordischen Knaben berichtet Weinhold, dass sie sich ein Haus gründeten [4]), wie jetzt noch Knaben gerne Häuslein und Ställchen bauen. „Olaf Thordarson war acht Jahre, da er vom Feinde seines Vaters erstochen wurde, als er ein Haus baute, wie die Kinder zu spielen pflegen. Ganz ähnlich muss das „Kirchen mit Schindeln decken (spaena kirkor)", gewesen sein, das eine alte schwedische und gotländische Kinderlust war". Wir haben für diese Belustigung in mittelhochdeutschen Dichtungen keine Belege, obgleich sicher anzunehmen ist, dass sie den deutschen

---

1) Vrgl. darüber Rochholz S. 452.
2) Gute alte Zeit 560. 562.
3) In G. Wikrams Goldfaden (1557) kommt ein Gefecht vor, welches der junge Leufried und seine Schulkameraden mit andern Knaben hielten, wobei sie hölzerne Schwerter und Brustharnische von Baumrinde führen und sich mit Erdklössen bewerfen. Gute alte Zeit 562. — In Zürich waren 1555 Soldatenspiele der Kinder sehr gewöhnlich. Ebendort.
4) Altnordisches Leben 293.

Knaben damals nicht fehlte, wie das Häusle bauen später in der „Arche Noe's" (1693) erwähnt wird, und Conrad v. Salzburg sagt: „ein Kinderspiel, ein dillädällä Häuslbauen, wann ihnen der Lust vergeht, werfen sie die Spän oder Hölzl in einen Winkel oder in's Feuer". Fidus salutis monitor 1,75. Dagegen haben wir sichere Zeugnisse, dass sie Grübchen gruben, denn Hugo von Trimberg sagt:
„si ligent hie reht als diu kint,
diu grüeblîn grabent an der strâzen". Renner 11386 und: „er macht ein grübelîn umb sich als die kinder an der sonnen." Frankfurts Reichscorrespondenz 1, 76.

Vom Anfertigen kleiner Teiche erzählen uns die Gedichte von der Jugend Jesu:
„Jêsus het kint zuo im genomen
und wâren zuo einem wazzer komen,
dar inne si wolten vische vâhen.
er sprach: „wir sulen balde gâhen
vâhen der vische swaz wir wellen".
dô sprâchen die spilgesellen,
wie daz nû solte geschehen.
„daz lâze ich iuch wol sehen.
sît wir der netze niht enhaben,
sô sul wir wîer graben
und leiten wazzer dar în
und bergen uns dort hin,
daz si uns iht ensehen.
sô wir danne erspehen,
dazs komen in unsern bach.
sô sol uns wesen gâch
verloufen in die rinnen,
sô mugent si uns niht entrinnen."
der rât geviel den kinden wol
als kinden kintheit sol.
si begunden wider einander graben,
ir deheinez wolte haben
mit dem andern iht gemeine
niwan sînen wîer eine." etc.
Kindheit Jesu F. 1507. H. 98, 83 [1]

---

[1] Vgl. Marienleben von Bruder Philipp 4488 ff. Walthers von Rheinau Marienleben Bl. 96.

Ganz dem Kinderleben entnommen ist es, wenn Bruder Philipp erzählt, wie Kinder sich damit unterhielten, dass sie Wasser schöpften und es ausgossen:

„Dar nâch kom der kinde vil
alle dar ze einem spil.
sî truogen alle krüegelin
und schepften wazzer dar în,
sî trunken unde guzzen ûz." Marienleben 4454.

Ein beliebtes Spiel der Kinder am Gewässer ist, Steinchen über das Wasser tanzen zu lassen. Fischart führt uns dieses schon unter dem Namen „dess plättlins" auf. (Gargantua c. 25.) [1])

Dass die Kinder nicht nur an Spielen und Spieltand Gefallen fanden, sondern sich auch an fremden Leuten erlustigten, berichtet uns H. von Trimberg:

„Sô wîlent kleiniu kinder sâhen
fremde liut, die begonden gâhen
und verburgen sich hinter die tor.
sô loufent sie nû peltlich hervor
und spotten der liute in schalkes siten. Renner 12570.

Das Sprichwort „Kinder sind kleine Schälke" hatte somit schon damals seine Geltung, wie noch heutzutage, und schon Wolfdietrich sagt: „sol ich hie zu Garten wesen der kinde spot". Gr. Wolfdietrich 1831, 4.

Die schönste Freudenzeit der Kinder begann aber im Frühlinge, wenn der Schnee schwand, die Saaten und Wiesen zu grünen anfiengen und die ersten Blumen sich zeigten. Ein neues Leben erwachte dann für Gross und Klein, das die Minnesänger zu preisen nicht müde werden. Sie fordern auch die Jugend auf zu fröhlichem Reigen, lustigem Ballspiele und heiterem Gesange [2]). Dass die

---

[1]) Ueber dies allgemein verbreitete Spiel und dessen Namen vrgl. Rochholz S. 465 und Meier, deutsche Kinderreime S. 96. In Tirol heisst es: „Pfütschlen", „Blattlen". „Steinblattlen". „Unser Frau überschiffen" „Maunlen und Weiblen". Archiv für Geschichte Tirols I. 308. Dr. Birlinger teilte mir dafür folgende Ausdrücke mit: „Entlen werfen" (Treffelhausen), „Teufelen werfen" (Wurmlingen), „Blaisen" (Hamertingen), „Flaigern" (Hechingen) „Ring werfen" (Saulgau), „Schiffla fahra (Biberach). B. Auerbach nennt es: „Bräutle lösen". Barfüssele (1872) S. 4. In Baiern: „Blattlen". Über die Spiel bei den Griechen vrgl. Grasberger S. 60.

[2]) Vgl. Walther L. 51, 21. Neidhart 13, 18. 15. 35. 28, 7 etc.

Kinder hinter der allgemeinen Frühlingslust nicht zurückblieben, ja dieselbe mit ihren Spielen doppelt genossen, wie heutzutage, darf man nicht bezweifeln. Die ersten Spiele, daran sich die Knaben am Beginne des Frühlings erfreuen, sind das Kreiselschlagen und das Schussern (Specken, Spickern). Der Kreisel, den die Griechen und Römer als Kinderspielzeug schon kannten [1]), wird von unsern Dichtern öfters genannt. Der Topf — dies war sein gewöhnlicher Name — wurde mit einer Geisel umgetrieben. Wolfram sagt:

"sol iemen bringen uns den kopf,
hie helt diu geisel, dort der topf:
lâtz kint in umbe trîben:
sô lobt manz vor den wîben", Parz. 150, 15.

und im Gedichte "von dem übelen Weibe" liest man:

"ez gewan nie topfe
vor geiseln solhen umbeswanc,
als sî mich âne mînen danc
mit slegen umb und umbe treip". 692 [2]).

Dies Spiel war so allgemein bekannt, dass es bei Vergleichen sprichwörtlich wurde, z. B.:

"daz ich gie umbe als ein topf". Übles Weib 318.
"daz er gie umbe als ein topf", Liedersaal 2, 244.
"daz er gieng umb als ein topf". Gr. Wolfdietrich 860, 4.
der künic ellentrîche
treib in umbe als einen toph. Partenopier 5878
daz er begunde alsam ein toph
al umbe und umbe zwirben. Ebendort 10544
und im der gebel und der kopf
begunde al umbe sam ein topf
dâ zwirben ûf dem anger. Ebendort 16131
sô vaste, daz im als ein topf
daz hirne al umbe und umbe gienc. Ebendort 20580
daz er ûf dem anger vor mir sweibelt als ein topf.
MSH. 3, 240b.

---

1) Charikles I, 33. Rochholz 419. Grasberger S. 77.
2) Vgl.: "nim einen topf vür würfelspil" Cato Z. S. 32.
"zuo spil dir einen dop begade,
von würfelspil dir komt schade." Cato Z. S. 165.
Wenn der bischof den topf treibt. Vintler. Haupt Zeitschr. IX, 117.

Um die schnellste Bewegung auszudrücken, gebraucht A. von Scharfenberg das Bild des Kreisels, der auf dem Eise umgetrieben wird: „sô daz sich ûf einem îse mit geiselslage ein topf versûmet hete". J. Titurel 1642, 2.

Auch unter Krûseln in der schon früher angeführten Stelle (Diutisca I, 389) sind Kreisel zu verstehen, und nicht Schusser, wie Rochholz S. 429 meint [1])

Ebenso war das Spicken oder Schusserspiel schon im Mittelalter eine beliebte Unterhaltung der Kinder. Ausdrücklich erwähnt wird dies Spiel im Renner:

„kint sint nû tratz und unverwizzen.
die kintlîcher spil sich wîlent flizzen:
zölle, tribkugeln und meizen,
die siht man nû luoders sich fleizen." 1462

und in einer Stuttgarter Handschrift des 15. Jahrhunderts heisst es: „das sint die gelben kugelin, do die schuler mit spilen, und sint gar wolfel" [2]). Im Kleiderbuche der beiden Schwarz spielt der kleine Mathias 1508 mit Schnellkügelchen und der kleine Veit wirft etliche marmorne Kluckern in ein Grübchen mit der Beischrift: „Es gelt zwei Märbel, ich wollt grad einschiessen" [3]) Unter den Spielen, welche in dem Nördlinger Spielgesetz vom Jahre 1426 der Jugend erlaubt wurden, sind auch die „Schnellkügelchen" genannt. [4]) Fischart erwähnt von den Spickerspielen des „Grübeleins" und des „Gluckerns" [5])

Die Ankunft des Frühlings wurde mit mannigfachen Gebräuchen, Festen und Spielen gefeiert. Er selbst aber sandte seine Boten aus, um sein Annahen den des Winters müden, auf ihn mit Sehnsucht harrenden Leuten zu verkünden [6]). Wie heute noch die Kinder ausgehen, um die ersten Veilchen zu suchen und in ihnen die Zeichen des eintretenden Frühlings zu begrüssen, so sah

---

[1]) Vgl. Sprachschatz 4, 616. Haupt. Zeitschrift VI. 330. Lexer 1, 1739.
[2]) Mone, Anzeiger 1838, 605.
[3]) Gute alte Zeit 559, 561.
[4]) Müller, Nördling. Merkwürdigkeiten 1824, 48. Rochholz 421. Gute alte Zeit 561. Diese sind: Paarlaufen, Kegeln, Radtreiben, Ruck oder Schneid. Hafen schlagen, Topfspiel und Schnellkügelchen.
[5]) Gargantua c. 25. Rochholz 422. Über dies Spiel bei den Griechen s. Grasberger S. 681.
[6]) Grimm, Mythologie 722.

damals das Volk in dem ersten Veilchen den Meldebrief des Sommers [1]), man suchte es auf, trug es mit Freude ins Dorf und umtanzte es mit Sang und Klang. Denn der Fund des ersten Veilchens galt als freudiges, festliches Eräugnis. Wir besitzen eine lebendige Schilderung desselben:

„Urloup hab der winder,
rife und ouch der kalte snê!
uns kumt ein sumer linder,
man siht anger unde klê
gar sumerlîch bestellet.
Ir riter und ir vrouwen
ir sült ûf des meien plân
den êrsten viol schouwen.
der ist wunniclich getân:
diu zît hât sich gesellet.
Ir sült den sumer grüezen
und al sîn ingesinde;
er kan wol swaere büezen
und vert dâ her sô linde.
sô wil ich ûf des meien plân
den êrsten viol suochen;
got geb, daz ez mir wol müez ergân.
. . . .
. . . .
Dô gieng ich hin und here,
unz daz ich vant daz blüemelîn.
dô vergaz ich aller swaere
und begunde dâ gar vroelîch sîn.
wol hût begund ich singen" etc. [2])

Der glückliche Finder jubelt:

„ir sult alle wesen vrô:
ich hân den sumer vunden."

Vom fröhlichen Tanz um das Veilchen wird uns anderswo berichtet:

---

1) „dâ der viol dur daz gras ûf drouc." MSH. I. 358ᵃ.
   ich sprach: „wol ûf, swer mit mir wel den êrsten viol schouwen,"
                                                        MSH. III, 299ᵃ.
   wan siht dur daz gras ûf dringen viol unde rôsen rôt."
       MSH. I, 338ᵇ. Vgl. Grimm, Mythologie 722. Simrock Myth. 555.
2) MSH. III, 202ᵃᵇ. Sterzinger Handschrift Bl. 47ᵇ.

„Dar nâch am suntag morgen drât
der vîol wart getragen
al ûf den tanzbühel dâ hin, als ich iu wil sagen.
bûr Ruepreht und Ander sin kneht,
Gundewîn und Ellenbreht,
die têten vroelîch springen
al umb den vîol hin und her" und
„Ein ieger weidenet in dem holz
unt dô sach er die bûren stolz
vast umb den vîol sappen.
ie einer hin, der ander her têten gar leppisch gnappen.
wol bald vrâgt er ein hirten dô,
wâr umb die bûren waeren vrô,
daz sî sô vroelîch sprungen?
„si tanzent umb ein vîol zart, den hât ein
bûr errungen...." [1])
„trommeten, pfîfen, seitenspiel daz wart umb sî erklingen,
sî wâren alle vröndenrîch.
iedez tanzet mit sînem gelîch.
ich Nîthart vourt den reien   [zweien [2]).
schôn umb den vîol hin und her; schier gieng ez an ein

Die auf diese Weise umtanzte und umjubelte Blume war auf einer Stange aufgepflanzt:

„der vîol stuond ûf einer stangen [3])."

Dass die Kinder dem Beispiele der Erwachsenen folgten und nach den ersten Veilchen suchten, bestätigt uns der wilde Alexander in seinem reizenden Gedichte, worin er auf die entschwundenen Freuden der Kinderjahre zurückblickt:

„hie bevor dô wir kint wâren
und diu zît was in den jâren,
daz wir liefen ûf die wisen
von jenen wider her ze disen:
dâ wir under stunden
vîol funden,
dâ siht man nu rinder bisen.

---

1) MSH. III, 298ᵃ.
2) MSH. III, 290ᵇ.
3) MSH. III, 298ᵃ.
4) MSH. III, 30ᵇ. Bartsch, Liederdichter 227.

In ähnlicher Weise wurde die Schwalbe oder der Storch als langersehnter Frühlingsbote angesehen und freudigst begrüsst [1]), und die Kinderlieder [2]), die auf diese Vögel Bezug haben, stehen wohl theilweise mit dieser Sitte in Verbindung und mögen weit zurückreichen. Auch der erste Maikäfer wurde feierlich eingeholt [3]) und es war wohl schon damals eine Unterhaltung der Knaben, die Maikäfer und Hirschschröter einzufangen und sie an einem Faden fliegen zu lassen [4]).

Die bezüglichen Kinderreime [5]) gehen wohl weit zurück, wenn wir dies auch nicht durch Zeugnisse belegen können. Auch die noch bis in die neueste Zeit fortdauernde Sitte, dass Kinder den Einzug des Frühlings mit dem Sommer- und Winterspiele feierten, reicht tief in das Mittelalter hinab [6]). Der Frühling brachte den Kindern auch unzählige andere Unterhaltungen, wie heutzutage. Die allverbreitete Sitte, dass sich Knaben Schalmeien drehen und den Frühling einblasen [7]), muss sehr alt sein. Das Blasen auf den Blättern, an dem sich Kinder gerne erlustigen [8]), erwähnt schon Wolfram:

„er brach durch blates stimme en zwie." Parz. 120, 13.

Wenn die Birken im Safte stehen, ziehen die Kinder zu denselben, bohren sie an und schlürfen den ausfliessenden Saft. Über diese alte Kinderfreude berichtet uns schon Megenberg: „Ich waiz wol in dem maien, wenn der paum gar saftig ist und man einen spân dar auz hawet, sô vleuzt gar vil saffes dar auz, und trinkent ez diu klainen kint auf dem gäw, wan ez ist süez und stinkt niht." S. 331 [9]). — Und welche Lust gewähren die Blumen des Feldes

---

1) Grimm, Mythologie 723. Simrock, Myth. 555.
2) S. Simrock, Kinderbuch S. 146. Kuhn, westfäl. Sagen II. 72. Wolf, Zeitschrift II, 114. Stöber, Volksbüchlein 77. 78. Leoprechting 83. Rochholz 82. 83. Meier, Kinderreime 28. 31. Kinderleben (Oldenburg 1851) 94. 95.
3) Grimm Mythologie 657. 723.
4) Käfer an Fäden fliegen zu lassen war schon der römischen und griechischen Jugend bekannt. Bekker, Gallus I. 33. Mannhardt, germanische Mythen 369.
5) Simrock, Kinderbuch S. 139 ff. Meier, Kinderreime S. 24. 25. Stöber, Volksbüchlein 83. Mannhardt, germanische Mythen 348. 349. 350. 351.
6) Vgl. Grimm, Mythologie 724. Simrock, Mythologie 555.
7) Kinderleben. (Oldenburg 1851) 47. Schöpf 412. Stalder II. 193.
8) Kinderleben 48.
9) Vgl. Lonicerus, Kräuterbuch (Frankfurt 1630) S. 91.

den Kindern! Sie suchen die Schönste, sammeln Sträusse oder winden Kränze. Dieses Kindertreiben schildert uns schon der wilde Alexander:

„Ich gedenk wol daz wir sâzen
in den bluomen unde mâzen,
welch diu schoenest möhte sîn.
dô schein unser kintlich schîn
mit dem niuwen kranze
zuo dem tanze [1])."

Allein die Blumen dienen nicht nur zum Sträussebinden und Kränzewinden, sondern auch zu Orakeln, wie uns die Kinder, und das Gretchen in Faust zeigen [2]). Für das Blumenorakel, das im Mittelalter gewiss ebenso bekannt war, wie jetzt, fehlen mir Belege. Desto häufiger findet sich das Halmziehen erwähnt, und die dabei gebrauchten Worte stimmen mit den bei dem Zerpflücken der Sternblume gebrauchten zusammen. Schon Walther erwähnt desselben als eines Kinderspieles:

„Mich hàt ein halm gemachet frô:
er giht, ich sül genâde vinden.
ich maz daz selbe kleine strô,
als ich hie vor gesach von kinden.
nû hoeret unde merket, ob siz denne tuo:
„si tuot, si entuot, si tuot, si entuot, si tuot".
swie dicke ichz tete, sô was ie daz ende guot.
daz troestet mich: dà hoeret ouch geloube zuo. [3])"

In ähnlicher Weise sagt der Meissner:

„Weiz aber ein man, ob ich noch rehte milte müge erwecken?
„ich tuon, ichn tuon, ich tuon, ichn tuon: troestet baz ir
werden recken!
ich tuon, ichn tuon , ich mizze ein halm ze lange [4]).""

Auch in einem Gedichte des Liedersaales wird das Halm-

---

1) MSH. III, 30b. Bartsh, Liederdichter 227.
2) Vgl. Menzel Naturkunde II, 163, Grohmann Nr. 692. Zingerle, Sitten S. 111. Grasberger S. 140. Rochholz 170—183. Wackernagel, kl. Schriften I, 231.
3) L. 66. Pf. 51.
4) MSH. III, 102b.

messen erwähnt [1]), und das Halmziehen fand sogar in die Rechtsgebräuche Eingang [2]), und der Halm ward ein so allgemeines Mittel, das Loos zu ziehen, dass man geradezu sagte: „Wir wollen den Halm ziehen" auch wenn kein Halm zum Loosen gebraucht wurde, und noch heutzutage die oft gebrauchte Redensart: „den Kürzern ziehen" davon herrührt [3]).

Wenn die Erdbeeren in Reife stehen, gehen die Kinder solche

---

[1]) . . . . Ich sprach:
„sô zieh wir zwei gräselin
sô wirt liht och ein frâge min."
daz geviel der minniclichen wol.
diu juncfrou sprach: „sô sol
ich iuch bieten unde machen".
si begunt mich an lachen
und neigt sich von dem bett in daz gras.
. . . .
diu juncfrou sprach: „nein ich ûf die triuwe min
ich wil iuch beiden gemeine sin
ân allen falschen gedanc.
ich mach einz kurz, daz ander lanc".
„wederz wil nu ziehen an?
daz lenger sol gewunnen hân."
„daz wil ich" sprach diu minneclich
und greif nâch dem für mich.
daz selb wolt ich genomen hân.
diu juncfrou winct mir, ich soltz ir lân.
dô greif ich bald nâch jenem dô,
und zuct'z an mich. ich wart dô frô
und sprach: „ich hân daz lenger gras."" 1. S. 145.
„iu wirt daz helmel vür gezogen" HGA. 49, 1190.
Die Stellen: „Ritter und juncfröwelin
siht man des gräslins spilen." Liedersal II, S. 214.
„zwei spilten greselis." Altswert 89, 17 deuten auf dieses Spiel.

[2]) In einer Urkunde v. 1403 heisst es: „ab sy des ein werden mogen, mochten si aber des nit eins werden, so sullen di darumb ider einen halmen zihen ongeverde uss einem dache oder schoube, welcher dan den lengesten halmen zuge, der solde die kure haben, vnder den zweien ie einen kysen zu einen oberman. Haltaus Glossar S. 782. Vgl. Grimm, Rechtsalterthümer 126.

[3]) Lütolf, Sagen S. 376. Übers Halmziehen und messen s. Simrock, Gedichte Walthers von der Vogelweide (1833) I, 195. Die richtige Erklärung des Halmmessens gibt Pfeiffer, Walther S. 51. Pirano nennt es: S. 37 „Tirâ lis bruschetis" und sagt: Giuoco in cui, ascosi nella mano due o più fuscellini, uno più lungo dell' altro, se ne lasciano fuori le testate

am sonnigen Rain oder im Holzschlage suchen. Diese Kinderlust beschreibt uns der wilde Alexander:

„Seht dô lief wir ertber suochen
von der tannen zuo der buochen
über stoc und über stein
der wîle daz diu sunne schein.
dô rief ein waltwîser
durch diu rîser:
„wol dan, kinder, und gât hein"
Wir enpfiengen alle mâsen
gester dô wir ertber lâsen:
daz was uns ein kintlich spil [1])."

Im Frühlinge, wenn Blumen und Beeren die Kinder erfreuen, ruft der Kukuk aus dem Gehölze. Dass dieser Vogel mit seinem Rufe die Kinder belustigte, meldet uns Megenberg, wenn er davon schreibt: „der verändert sein stimm niht, er singt neur cukuk, cukuk, dar umb spottent sein diu kint" (S. 178) und ein andermal sagt er vom Widhopf: „und hât neur ain gesank und ain stimm, wan er singet neur hoz hoz hoz, sam der gauch singt guck guck. ich hân auch dick gemerkt ze Megenperch, dô ich ain kindel was, daz die zwên vögel zuo enander sâzen und sungen mit aim wehsel, der gauch vor, der widhopf nâch, und wând ich, der widhopf waer des gauches roz und daz si staetes pei ainander waeren" (S. 228). Da im Mittelalter der Sang dieses Vogels schon als orakelhaft galt [2]), werden die Kinder auch seine Rufe gezählt haben.

---

ad ugual segno: chi ne leva uno o più lungo o più corto, secondo il patto, vince.

[1]) Bartsch, Liederdichter 227. MSH. III, 30¹.
[2]) Narravit nobis anno praeterito (1221?) Theobaldus abbas Eberbacensis, quod quidam conversus, cum nescio quo tenderet et avem, quae cuculus dicitur a voce nomen habens, crebrius cantantem audiret, vices interruptionis numeravit. et viginti duas inveniens, easque quasi pro omine accipiens, pro annis totidem vices easdem sibi computavit; „eia" inquit „certe viginti duobus annis adhuc vivam, ut quid tanto tempore mortificem me in ordine? redibo ad seculum, et seculo deditus viginti annis fruar deliciis ejus, duobus annis, qui supersunt, poenitebo." Caesarius Heisterbac. 5, 17.

„daz weiz der gouch, der im für wâr
hât gegutzet hundert jâr." Renner 11340.

Vgl. Grimm, Mythologie 641 ff. Simrock, Mythologie 481. Zeitschrift für deutsche Mythologie III, 231 ff.

Die Erwachsenen, deren Spiele die Kinder stets nachahmen, erfreuen sich im Frühlinge am Reigenspringen und am Ballspiele. Ein altes Lied singt:

> „tanzen, reien, springen wir
> mit froude und ouch mit schalle,
> daz zimet guoten chinden wol,
> nu schimphen mit dem balle!" [1]

Unzählige Mal werden das Ballspiel [2] und der Reigen als die Hauptbelustigungen im Frühlinge von den Minnesängern genannt. Wie am Tanze so erlustigten sich auch Knaben und Mädchen am Ballspiele, welches die erste und vorzüglichste Unterhaltung im Frühlinge war:

> „Ez wirfet der jungen vil
> ûf der strâzen einen bal:
> dâst des sumers êrstez spil" MSH. II, 113b.

Dass Mädchen sich auch an diesem Spiele betheiligten, wie die griechischen, bestätigen uns unter andern Walther:

> „saehe ich die mägede an der strâze den bal
> werfen, sô kaeme uns der vogele schal." L. 39, 4. Pf. 1, 4.

und Johann von Würzburg:

> lât sich der meie schouwen,
> sô sint gesit die frouwen,
> junge man und meide,
> daz sie sunder leide
> ze velde hin mit schallen
> gânt in die bluomen ballen. [Wilhelm v. Österreich.
> daz ist ir tageldîe.   Stuttg. HS. Bl. 13 d.

Weinhold bemerkt [3]: „Das mittelalterliche Ballspiel mag mancherlei Arten gehabt haben; eine der gewöhnlichsten scheint die folgende gewesen zu sein, die noch heute gespielt wird. Die spielenden theilen sich in zwei Parteien, die eine wirft den Ball, die andere fängt ihn. Die werfenden wechseln ab und suchen den Ball so weit als möglich zu schleudern, die andern haschen darnach und werfen ihn unter die andere Schar. Wer davon ge-

---

1) Carmina burana p. 182.
2) Über das Ballspiel bei den Griechen s. Grasberger S. 84.
3) Deutsche Frauen 378.

troffen wird, muss zu der fangenden Seite übertreten und dies geht fort, bis die ganze werfende Partei aufgelöst ist [1]). Wie heute wurde der Ball auch früher mit Stecken und Scheitern geschlagen, um ihn recht weit zu treiben [2])." Ein Ballspiel ist uns schon in Athis (S. 105) beschrieben:

> ein spil, daz was ein linde hût,
> ubir ein weich hâr gesût,
> als ein kûle alsô grôz;
> disin handeweichin klôz
> den wurfin sie ein andir.
> swilch ir dâ was gerandir
> und snellir dan die andirn,
> sô sie begondin wandirn,
> die behielt dâ den scal.
> dit spil was geheizin bal
> in romischir zungin.
> sus giengin die jungin
> hupphinde und springinde.
> von den brûtin singinde,
> ein andir werfinde den bal.

Über das Ballspiel, wie es in Constanz zur Zeit des Concils getrieben wurde, berichtet der Italiener Poggio in einem an seinen Landsmann Nicoli gerichteten Briefe: „Sie spielen nicht wie bei uns, sondern Mann und Frau wirft sich, je nachdem man sich am liebsten hat, einen Ball voll Schellen zu. Alles rennt dann, ihn zu haschen, ein jeder wirft ihn wieder seiner eigenen Geliebten zu, und wer ihn bekommt, der hat gewonnen." [3]) Diese Art begegnet uns auch im Wilhelm von Oesterreich:

> „Aglîen dem kinde
> was grôze huot gesetzet
> mit jâmer in irs herzen sal.
> iedoch sô man ûf warf den bal
> und er einem in die hant
> wart, sô tet ez sô bekant
> dem andern sînen holden gruoz." Bl. 13 d.

und im Gedichte: „der bal"

---

1) Ein solches lebhaft geschildert MSH. II, 113b.
2) Altdeutsche Blätter 1. 54.
3) Rochholz 385.

„wie die megde den selben lobent,
wie sî glîent, wie sî tobent,
swenne er den bal ûz werfen sol!
sôst im wol;
wan er welt, wem er den bal hôch dur die lüfte sende.
sî bietent im ir hende:
„dû bist doch mîn,
geveterlîn,
wirf mir her, an diz ende." MSH. II, 113 b.

Ein anderes Ballspiel, das er im Jahre 1438 zu Basel sah, schildert Āneas Sylvius: „Andere spielen Ball. Doch nicht auf italienische Weise. Sie hängen vielmehr auf dem Spielplatze einen eisernen Ring auf und wetteifern, den Ball hindurch zu werfen. Sie treiben dabei den Ball mit einem Holz an, nicht mit der Hand. Die übrige Menge singt indessen Lieder und windet Kränze den Spielenden." Rochholz bemerkt hierzu (S. 385): „Man warf also auf ebener Bahn die Kugel durch einen Eisenring. Dies hiess den Bugel schlagen (Henisch. thesaur. v. J. 1616). Im Vlämischen gilt ebenso durch die Kloospforte schlagen: closen, cloten, bollen, boghelen. (Junius Nomenclator 1567). In Norddeutschland ist dies die Kliese, ein Holzball, der um Ostern herkömmlich in Gesellschaft geschlagen wird." Letzteres ist aber nicht richtig, denn das von Kuhn mitgetheilte Ballspiel um Ostern ist kein anderes als das Morenjagen, Sautreiben oder Todaustreiben und hat mit einem Eisenringe nichts zu thun [1]).

Ein anderes Ballspiel war der Schaggûn [2]) und bestand vermuthlich darin, dass man eine Kugel in einem engen Kreise der Spielenden so geschwind herumtrieb, dass sie bei einem oder mehreren vorbeisprang, ohne dass diese mit ihren Stöcken sie berühren konnten [3]).

---

1) Norddeutsche Sagen S. 372. Vrgl. Birlinger, Nimm mich mit 132.
2) „Mit schaggûn ist iu ein spil
erloubet, der ez tuon wil
umb ein âve Marîâ." Buch der Rügen 505.
In einer Visitationsvollmacht bei Voigt, Geschichte Preussens 6, 504 heisst es: „ze dem remther sal man nymands gestaten keinerlei spil vmb gelt sunder schachzabeln und czockunen spele" Haupt. Zeitschrift II, 50.
3) Rochholz 386.

Meist wurde der Ball geworfen, denn „werfen den bal" ist der gewöhnliche Ausdruck z. B.:

„dô sie den brief gerihte,
sie nât in wider in den bal.
der wart dem iungen Rial   (Bl. 14 d.
geworfen dar an einem tage." Wilhelm v. Oesterreich,
„dâ mit was der brief geschriben
und aber in den bal genât.
der wart geworfen mit getât
ze schimpfe dan der frîen
sîner trût amîen." Bl. 15 c.
„iedoch sô man ûf warf den bal." Bl. 13 d.
„mit dem balle,
der mit manegem schalle
geworfen wart her unde dar" Bl. 13 d.
„sô sie wurfen den bal." Bl. 14 a.
„ze hant die dô anviengen
enander werfen den bal," Bl. 14 a.
„dô warf der junge Rial
sînen bal Aglîen." Bl. 14 a.
wirf den bal.   MSH. II, 77^b.

die megde wurfen ouch den bal. MSH. II, 78 b u. a. m. „Den bal slahen" scheint seltener gebraucht worden zu sein; z. B.

„dise sluogen den bal hin." Krone 692.

Auch „des balles spiln" begegnet uns:

„gein âbent
spil wir kint des balles." Neidhart 19, 25.
„daz er mit andern kinden
des balles spilen gienge." Alexander M. 1466.

„dâ er mit den vierzigen spilt des balles." J. Titurel 2214, 4.
so spilt man dort mit dem pall. Vintler 8277.

Johann von Würzburg gebraucht „ballen" für Ballspielen:

„gânt in die bluomen ballen." Wilhelm Bl. 13 d.
„biz sie an einem tage
ze velde ballen giengen." Bl. 14 a.

Die Beliebtheit des Ballspieles wird uns durch die oftmalige

Erwähnung [1]) desselben und die Redensarten: „umtreiben, herumschlagen, werfen wie einen Ball" bestätigt; z. B.

„und in doch als einen bal
mit ir boesen worten umbe slânt." MSF. 131, 23.

„dô ich sô vil manec edele wîp
den sînen keiserlîchen lîp
und sînen ritterlîchen prîs
mit lobe gehôrte in balle wis
als umbe trîben unde tragen." Tristan 27, 30.

„si triben in mit spotte
umbe und umbe als einen bal." Tristan 286, 8.

daz tribet man sam einen bal
und machet dâ von grôzen schal. Krone 10407.

„ouch treip man umbe als einen bal
ir lop in deme riche." Engelhart 780.

und trîbent al die werlt umbe als einen bal. MSH. II, 277ᵇ·

wirfet er si hin und her als einen bal." MSH. II, 361ᵃ·

„und mich ûf hebet in balles wîs." Walther L. 79, 34 Pf. 292, 2.

Dass vorzüglich junge Leute und Kinder sich am Ballspiele erlustigten, bezeugen uns nebst vielen andern folgende Belege:

„ir herzen blicke in dem sal
hin und her reht als ein bal
giengen, dâ diu kint mite
spilnt nâch kintlîchem site." Heinrich's Tristan 2645.

„und ir al den liuten
gar werdet zeinem schalle,
als dô mit dem balle
trîbent (kint) kintlîchen spot." Von zwei Kaufleuten 581.

„louf an die strâze zuo den kinden, wirf den bal." MSH. II, 77ᵇ·

Neben dem Ballspiele bildete das Reihenspringen die Hauptunterhaltung der Jugend in der schönen Jahreszeit. Dass die Kinder, die stäts gerne laufen, springen und tanzen [2])., das Beispiel der ältern nachahmten, kann nicht bezweifelt werden. Die Kinder setzen ja heutzutage noch den alten Reihentanz fort [3]), den der Bauer

---

1) S. Mhd. WB. 1, 117ᵇ·
2) „manges spils diu kint begunden:
eine liefn, die andern sprungen." Br. Philipp, Marienleben 4334.
3) Vgl. Rochholz 369.

längst aufgegeben hat, und die bekannten Kinderreime: „Ringe, ringe, reihe" etc. „Ringel, ringel rosenkranz" ¹) und ähnliche beweisen durch ihre weite Verbreitung, dass es altererbte Reihenlieder sind, die weit zurück reichen müssen.

Das Kindertanzspiel „die goldene und die faule Brücke" ²) wird schon von Meister Altswert:
„zwei spilten der fuln brucken"   90, 19.
genannt und Fischart führt es unter den Namen: „der faulen Brucken," „auf der Brucken suppern in glorie" an. Gargantua cap. 25 und 34. Auch Geiler von Keisersberg kannte dies Spiel, denn er schreibt: „es wird ihnen nichts mehr, dann dass sie wie im Spiel der faulen Brucken einmal die Händ zusammenschlagen vnd jauchzten vnd alsdann wieder herabspringen, ritschen vnd burtzeln." ³)

Dass aber die Kinder nicht nur die heitern Frühlingsreigen,

---

1) Simrock, Kinderbuch S. 200. Aus dem Kinderleben S. 35. 36. Meier, Kinderreime S. 97. Zingerle Sitten S. 246. — Mannhart, germanische Mythen 506. 507. 513 ff. Rochholz 183. Müllenhof S. 484. Birlinger, Nimm mich mit 114. 115. Kehrein 2, 124. Sachse S. 15. Wolf, Zeitschrift II, 220. Ein ähnliches Kinderlied aus Neapel:
„A la rota, a la rota"
theilt Liebrecht mit im Pentamerone des Giambattista Basile 1, 104. Schneller gibt folgendes Liedchen aus Wälschtirol:
„Ghingbiringaja
sotto la paja,
sotto 'l pajom
scappa chi pol." Sagen S. 252. Auch im Comaskischen lebt der Anfang dieses Kinderliedes fort: „Gringraja", giuoco puerile. Un fanciullo tiene elevata e distesa una mano verso altri fanciulli disposti in giro intorno di essa, e che ne toccano il palmo nel mezzo colla punta d'un dito. Quello intanto dice una breve frottola, che comincia Gringa gringràja, e nel dirla frega un dito dell'altra mano sul dosso di quella che tiene sospesa.. Appena finita di dirla, i fanciulli si sbandano di volo in qua e in là. Egli insenueli di slancio, finchè ne abbia colto alcuno" Monti 106.

2) S. die Beschreibung desselben: Rochholz 373. Meier, Kinderreime No. 373. Wolf, Zeitschrift IV, 361 Laudsteiner S. 31. Es ist heute noch weit verbreitet. Vgl. Anhalt-Dessau. Volksreime No. 107. Bremische Kinderreime S. 67. Wolf, Zeitschrift 2, 190. — Die Verse:
„Engel, Bengel lass mich leben.
Ich will dir den Vogel geben."
im Volksliede von der Gräfin Orlamünde (Wunderhorn 2, 236) scheinen auf dies Spiel Bezug zu haben.

3) Sünden des Mundes, 3. Theil Bl. 52.

sondern auch den düstern Todtentanz durch ein Fangspiel nachahmten, hat W. Wackernagel in seinem Aufsatze: „der Todtentanz" nachgewiesen. [1])

Zu den beliebtesten Spielen in jeder Jahreszeit gehört der Plumpsack [2]). Dass es schon im Mittelalter bekannt und getrieben war, sagt uns eine Stelle in den Reichenauer Glossen: „Circulatorius ludus est puerorum in circulo sedentium, post quorum tergum discurrit puer unus portans aliquid in manu, quod ponit retro aliquem sedentium ignorantem; vulgariter dicitur: Gurtulli, trag ich dich." [3])

Am häufigsten werden, wenn die Jahreszeit es zulässt, Fangspiele im Freien getrieben. Unter diesen, deren Zahl eine sehr bedeutende ist, nennt Fischart das Schaf- und Wolfsspiel [4]):

„der wolff hat mir ein schäfflin gstolen,
weil er käs und brod will holen." Garg. c. 25.

Auch das in ganz Deutschland beliebte Geierspiel [5]) scheint schon frühe bekannt gewesen zu sein, da es im 16. und 17. Jahrhundert oft genannt wird. Auf das Schelmspiel [6]), bei dem ein Kind den Häscher, die andern Diebe vorstellen, weisen folgende Verse in einem Fasnachtsspiele aus dem 15. Jahrhundert hin:

„Ein sölich närrisch Haderspil
mit bochen, hadren, schelten, fluochen:
das sölt man ee zuo Zurzach suochen
uff der Wissmat bym Henkerspil." [7])

Ein anderes Fangspiel „Helfen und Geben" beschreibt uns Geiler im Granatapfel (Strassburg, Johann Knoblauch 1511) in folgender Weise: „Es steend etwan 20 oder 30 Man in aim ring und steet der Knab mitten unter inen. Si umbgebent den Knaben,

---

1) Haupt. Zeitschrift 9, 338. Vgl. Rochholz 376.
2) Rochholz 392. Aus dem Kinderleben 26. Meier Kinderreime No. 388 Birlinger, Nimm mich mit 121.
3) Mone. Anzeiger 1839, 395. Bei den Griechen s. Grasberger S. 52.
4) Vgl. Rochholz 408. Müllenhof. Schleswig'sche Sagen S. 487. Meier No. 370. Aus dem Kinderleben S. 19. Landsteiner S. 62. Schmitz S. 94. Russ-wurm Eibofolke, 2, 110.
5) Rochholz 409. Müllenhof S. 488. Meier No. 376. Zingerle, Sitten S. 158. 2. Aufl. 246. Birlinger, Nimm mich mit 127. Wolf, Zeitschrift IV, 358.
6) Rochholz 414. In Italien heisst es: Giuoco ai birri, in Friaul: zug di sclavs, Pirona 365.
7) Keller, Fasnachtspiele S. 893.

das er nit auss dem ring komen mag, so facht ainer an und stosst den buoben auf den nächsten, der bei im steet; derselb stosst in denn fürbass auf ainen andern, und also stosst in ainer dem andern dar und zuo wölchem er komet, so maint er, er söll in beschirmen, so stosst er in von im. Was thuot ain sollicher knab anders, dann das er sich da mitten in den ring setzt und beleibet da sitzen." [1])

Eine beliebte Unterhaltung in der mildern Jahreszeit ist das Schaukeln, das schon den Griechen als beliebtes Kinderspiel galt. [2]) Bei unsern Vorfahren hiess: „schoc, schocke" (althd. scoc Graff 6, 416) sowohl die Schaukel, als das Schaukeln. Mhd. Wb. II, 177b. Letzteres wurde auch „schocken, ûf schocken varn, ûf dem schocke" oder: „ûf dem seile rîten" benannt. Dieses Lieblingsspiel wird öfters erwähnt:

„seht, wie kint ûf schocken varn,
die man schockes niht wil sparn:
sus fuor diu brücke âne seil:
diun was vor jugende niht sô geil." Parz. 181, 7.
„des mac daz herze nimmer mêr geruon,
danne als dâ man ûf ein schocke rîtet
und al den tac wider wint strîtet."
                Wernher v. Elmendorf 826.
„dô sî reit mit kinden ûf dem seile." Neidhart 48, 14.
„si rîte mit den kinden ûf dem seile" HMS. III, 261b.

Ein Spiel, das die Knaben gerne im Frühlinge und Herbste im Freien treiben, ist das „Gerad und Ungerad" [3]), welches den Griechen unter den Namen ἀρτιάζειν, den Römern als: „caput aut navis" bekannt war. Es wird bereits im Renner V. 2735 erwähnt:

„Rite ein grâ man ûf und ab
mit kleinen kinden ûf einem stab,
und spilte grad und ungerade
und gieng mit in ze wazzer pade,

---

1) Rochholz 418.
2) Guhl, Leben der Griechen 206. Grasberger S. 117. Auch in Italien ist dies Spiel sehr beliebt. Monti 253. 309. 329. 401. Pirona 271. Es heisst: Altalena, Nizzul, Nizzul-nàzzul. Scôca, Olsa, Strica-Stroca, Tirlimbetta.
3) Rochholz 424. Liebrecht II, 252. Es ist auch in Italien, Spanien, England verbreitet. Vrgl. Grasberger S. 143.

> und hulfe in machen henselîn,
> und pund zwei cleinen meuselîn
> an ein wegenlîn mit in,
> sô sprech wir: „seht, wie tummen sit
> der alte man hât".

Das sogenannte „Stözlen, Stöckeln oder Blättlen" verzeichnet schon Fischart. (Garg c. 25) mit dem Namen: „Plöchlin machen", „pfenning von blöchlin werfen" [1])

Andere Spiele werden im Freien und zu Hause getrieben. Dazu gehört „das Verkaufens", und „das Kochen". Diese Spiele hat Geiler im Auge, wenn er uns das geschäftige Treiben der Kinder in folgender Weise schildert: „Da die kint gefetterlin mit einander, da machen sie saffron vnd das ist geferbte wurz, das ist süszwurz, das ist ymber, vnd ist alls us einem ziegel geriben und ist zieglmel; und machen hüslin, und kochen, und wenn es nacht würt, so ist es alls nüt und stossen es umb" [2]). Auf das Verkaufsspiel deutet der Vers:

> „Was wolstu kauffen umb ein pfennig" [3]).

Auf das schon den Griechen bekannte Versteckspiel [4]) deutet eine Stelle in Pauli's Schimpf und Ernst: „Aber so der edelman zu der huszthür wil hinusz gon, da sasz sie in einem fasz und schrei zu dem punktenloch usz: „guck, guck, guck, guck!" Er sprach: „bis tu da?" und nam sie." No. XIII, und das in Schwaben noch beliebte Kinderspiel: „Ekketi" wird im Kleiderbuche der beiden Schwarz erwähnt. [5])

Öfter finden wir ein Spiel, das „Zirlin-mirlin" [6]) genannt ist. Zuerst begegnet es im Gedichte „der Tugenden Schatz":

> „zwei spilten zürlin mürlin" [7])

dann bei Geiler: „Was man sitzt und die hend umb einander wickelt und machet zirlin, mirlin, gassentirlin" [8]) und: „Wan sie

---

1) Rochholz 426. Meier No. 395.
2) Von den 15 staffeln. Brösamlin, vff gelesen von Joh. Paulin (1517) Bl. 12.
3) Fasnachtspiele S. 1458.
4) Grasberger S. 42.
5) Gute alte Zeit 561. In Friaul nennt man es noch: „Zujâ di cucùcc." Pirona 89.
6) S. Rochholz 425.
7) Meister Altswert S. 90.
8) Von den 15 staffeln. Bl. 17.

(die feigen weiber) miessig gon, so loffen sie von eim winkel in den andern, ietz obnen im huss, ietz vnden, dan under der thür und machen zirlin mirlin, gartenthürlin, und stopfen dan mit dem messer in ein klimsen, und kumt dan ander leckery her nach" [1]).

Die Erinnerung an dies Spiel hat sich in mehren Kinderreimen erhalten [2]). Fischart kennt auch das Spiel: „Steinverbergen", das in Aargau als „Steinli-gä", in der Wetterau als „Blinkeblank, in welcher Hand?" fortlebt [3]).

Eines der einfachsten und bekanntesten Spiele ist das „Lachen verhalten" oder „Gramüseli machen" [4]). Fischart nennt es: „Seid Ihr Braut von Schmollen, so lacht mir eins", „Ungelacht pfetz ich Dich".

Das Blindekuhspiel [5]), welches schon den Griechen bekannt war [6]), wird in „der Tugenden Schatz" erwähnt:

„zwei spilten blinder mûsen" [7]).

Bei Fischart heisst es: „Es laufft eine Maus die Mauer auf." — „Blindenmaus". In Geilers Schriften finden wir: „spilent der blinden müs" (Bilg. 9ᵃ), „spilet der blinden maus mit den knech-

---

1) Emeis Bl. 25ᵇ· Mone Anzeiger IV. 151,
2) Stöber, Volksbüchlein No. 127 und 293.
3) Rochholz 428. 429. Vgl. Haupt, Zeitschrift VI, 485.
4) Rochholz 430.
5) V. Rochholz 431. Aus dem Kinderleben 26. Meier No. 409. Grimm, Wörterbuch II. 122. Russwurm, Eibofolke 2, 113. Conrad v. Salzburg beschreibt es ausführlich in einer Predigt: „Was ist dann blinde Mäusel fangen für ein Spiel? Einem verbindet man die Augen, stellt ihn mitten in das Zimmer, die andern lauffen davon und lassen den Blinden suchen, biss er einen bei dem Arm erdapt, er geht hin und her, er greifft mit den Händen umb sich, da stosst ihn einer und laufft davon, dort schlagt ihn einer, da ziecht ihn einer und schliefft ihm neben den Füssen durch. Wann der Blinde gebling an ein Wand, Stuel, Tisch, Ofen anfahret, schreit man: „Kössl Kössl!" dardurch wird er avisirt, „brenn dich nicht, zurück! Kössl, Kössl, schwärtz dich nit!" und fügt zum Schlusse bei: „Wer blinde Mäusel will fangen und lasst ihm die Augen verbinden, der gehe behutsam." Ich warne einen jeden: „Kössel, brenn dich nicht! Kössel, russe dich nicht! Kössel, merk auf dich, dass du nicht an einen Stock fahrest!" Fidus salutis monitor I. 120. 125. In Italien heisst es: „Gattacieca, Mosca cieca", in Friaul: „Giàte varbe" (Pirona 185), in Comaskischem: „Giugà all' orbisoeula." Monti 166.
6) Becker, Charikles I, 33. Grasberger S. 41.
7) Altswert 90, 12.

ten" (Spinnerin 65*). Schon Otfried scheint dies Spiel im Sinne zu haben, wenn er bei Verspottung des Heilandes IV. 19. 73. sagt: „thiu ougun si imo buntun, thaz in zi spile funtun".

Ein Fingerspiel, das der italienischen Morra verwandt ist, war das von Fischart genannte „Eselin beschlagen". Auf dasselbe oder ein verwandtes Spiel beziehen sich die Verse:

„Wiltu danne vinger zeln,
sô mahtu dir erweln
ains ze frâgent nâch dînem sinne."

Liedersaal II, S. 214.

Über das Spiel „Herr König, ich diente gern" hielt Geiler von Keisersberg im J. 1507 Predigten, die seiner Emeis vorgedruckt sind. Denselben zufolge wählen die Kinder einen König und eines derselben sagt zu ihm: „Herr, der König, ich diente gern". Er fragt: „Und was ist euwers Dienst's?" worauf das Kind antwortet: „Das ir mir bütten, das ich wol erzügen möcht". Darauf spricht der König: „Ich gebüt euch, dass ir dem künig ein eer anthugen". So gat dasselbig und kusset den künig. Er will auch, dass du seinem hoffgesind ein eer anthügest. Er gebüt auch etwan die katz ze küssen. Du bedarfst der katzen daup küssen als katzenritter (Bl. 84. 89) [1]). Im Evangelibuch Bl. 179b beschreibt er, wie man zu einem ähnlichen Spiele eine Königin wähle und wie die andern Kinder vom Könige aufgefordert werden, derselben Geschenke zu bringen. Das Spiel lebt heutigen Tages noch fort unter dem Namen „Schenken und Logiren" [2]).

Eines der ältesten Kinderspiele, das schon den Griechen bekannt war, ist das Knöcheln oder Aufdappeln. Es besteht darin, dass das Kind Steinchen aus der innern Handfläche emporwirft und sie mit der äussern aufzufangen sucht [3]). Es ist jetzt noch ein Lieblingsspiel kleiner Mädchen auf dem Lande. Das Würfel-, Topel- oder Bickelspiel wurde nicht nur von Erwachsenen, sondern auch von Kindern, besonders von Mädchen getrieben.

Das Mädchen im Gedichte „daz heselin" nennt unter ihren Schätzen zehen „bikkelsteine" [4]) und Conrad von Würzburg führt

---

1) Mone, Anzeiger IV. 151. Rochholz 435. Vgl. Grasberger S. 53.
2) Vgl. Rochholz 436.
3) Rochholz 447. Schmeller I, 450. Schöpf 737.
4) HGA. 21, 93.

das Würfeln als Zeitvertreib junger Mädchen vor [1]). Das Würfelspiel, von dem ein Spruch sagt:

„Der würfel hât valles vil,
für wâr ich dir daz sagen wil:
der spilt, dâ für gehoert kein segen,
er muoz verlustes sich bewegen. Cato S. 131 [2])

war damals allgemein bei Jung und Alt beliebt, und Bruder Berthold eifert schon gegen dieses verderbliche Spiel: [3]): „wan ez geschiht manic tûsent sünde von würfelspil, die sus niemer geschaehen" [4]). Neben dem Würfelspiele ward das Brett- und Schachspiel [5]) häufig betrieben, und wohl auch Kinder, die ja in allen Stücken das Beispiel der Erwachsenen nachahmen, mochten sich darin versuchen. Der Gewinn wird dann in unbedeutenden Dingen, vielleicht auch in Glasringlein, bestanden haben, da auch Erwachsene um Goldringlein spielten [6]). Allein die Ringlein dienten Kin-

---

1) Achilles sagt:
„diz werc mir sêre misschaget,
ichn muc niht lauger spinnen,
wir sulen hie gewinnen
ein ander an vil manigen biuz;
her ûf ein bret dri würfel schiuz!
dâ pflegen kurzewile mite
nâch zweiger jungen megde site
und lâzen spinnen altiu wip!
wer solte quelen sinen lip
mit sus getâner arebeit?"
sus wurden würfel dar geleit
und ein bret schoen unde sleht,
ûf dem der wunneclicho kneht
dâ spilte mit der künigin
eintweder umbe vingerlin
od umbe senfte biuze. Trojaner Krieg 15884.

2) Vgl. Cato ed. Zarncke S. 32, 105 und 107.
3) Ed. Pfeiffer I, 14, 35 ff. 216, 39.
4) Ebendort 14, 39.
5) Vgl. Weinhold, deutsche Frauen 85 und HGA. 15, 141. — II S. 493. Krone 18870. 22114. Wigalois 269, 37. Parz. 408, 29.
6) sô spilent zwai dort in aim bret
umb ain guldin vingerlin. Liedersaal II S. 214.
Trûten swester Bride
spilt mit Eppen umbe ein vingeride. Neidhart 42, 13.
Hunc dominella rogat, quo secum tessere ludat,

dern auch sonst zum Spiele, denn das „vingerlîn snellen" scheint ein beliebtes Kinderspiel gewesen zu sein. Wolfram nennt es zweimal:

„swa der marcrâve funde strît,
daz waer diu kurzwîle sîn,
als ein kint, daz snellet vingerlîn." Willehalm 327, 8.
„ame hove er sîne tohter vant,
unt des burcgrâven tohterlîn:
die zwei snalten vingerlîn." Parz. 368, 10.

Dasselbe ist wohl im Verse:

„dô spilten si der vingerlîn" [1])

gemeint, während ich das „Fingerschnellen" in Fischart's Gargantua c. 25 auf ein Fingerspiel, ähnlich dem Morraspiel, deuten möchte [2]). Auf das bei den Knaben beliebte „Fingerziehen, Hanglen" scheint Wolfram im Verse: „lât iu den vinger ziehen" Parz. 599, 8 anzuspielen.

Das allgemein bekannte Spiel „Platzwechseln", „Schneider leih mir die Scheer" [3]) berührt der Vers: „zwei sprachen: der platz ist mîn" [4]), und Fischart führt es unter dem Titel „Rebecca, ruck den Stul! Jeder Vogel in sein Nest!" auf. Garg. c. 25. — Das Turnspiel, welches in der Schweiz das Pflöcklispiel, in Baiern Schmeerbickeln heisst, nennt schon Fischart: „den Stecken auss dem Leimen stechen", „Klosstechen" [5]). Von andern Turnspielen sind bei Fischart genannt: „Hurnauss [6]), Sackzucken [7]), Grolle, Grollhammers" [8]), „Rath, wer hat dich geschlagen?" [9]). Eine andere Unterhaltung, die in der Schweiz unter dem Namen „Härlizupfen" bekannt ist, beschreibt uns Geiler: „Hast du nie gesehen, das die buoben in der schuol wetten etwan mit eim, sie wellen

---

Annulus ut victi donetur ter superanti. Rnodlieb VIII, 60. — S. auch Troj. Krieg 15896. etc.

1) HGA. 49, 319.
2) Vgl. Liebrecht, Pentamerone II. 252.
3) Rochholz 449. Meier No. 383.
4) Altswert 90, 9.
5) Vgl. Schmeller III, 473 und Rochholz S. 450, der aber Neidharts Stelle 36, 26 irrig auf dieses Spiel bezieht, das nur im Freien stattfinden kann.
6) Vgl. Rochholz 453.
7) Rochholz 456.
8) Rochholz 457.
9) Rochholz 457.

im drei oder vier har vssziehen und muss er sie nit empfinden, vnd wen es dan gilt, so machen sie das hor zuosamen vnd wen er ziehen wil, so schlecht er in vor an ein backen, vnd der streich thuot im so wee, daz er der har nit empfindet vsszeziehen [1]" „Das auf Stelzen gehen wird von Bullinger erwähnt [2]. Das Kegelspiel, welches bei Erwachsenen einige Mal erwähnt wird [3], trieben wohl auch Kinder, wenn sie Gelegenheit dazu fanden. Ein Kugelspiel, das ähnlich dem „Kugelitrölen" [4] oder „Wâtschelen" [5] war, schildert H. von Trimberg.

> Noch ist ein ander affenheit,
> die schaden bringet unde leit
> und ist doch leider manic man,
> der wenic daz bedenken kan.
> sô zwêne schîbent zeinem zil,
> loufet diu kugel iht ze vil,
> sô wil einer ût haben den wint
> und nîgt sich nider als ein kint
> und dent den mantel vaste nider.
> dar nâch schîbet der ander hin wider,
> und ist der kugeln iht ze gâch,
> sô loufet er balde hinten nâch
> und schrît: „loufe, kugel, vrouwe,
> zouwe, diu liebiu frouwe, nu zouwe!"
> siht man die kugeln gelîche ligen
> gên dem zil, sô wirt genigen,
> weiz got, vil michels tiefer dar,
> danne dâ man gotes selb's nimt war.

---

1) Evangelibuch Bl. 188ᵇ.
2) Chron. Tigurin. I. lib. VII. c. 19.: „Uuferr von der Froschouw hattendt die Juden ein Synagog; vndt wie dar hinder der Wolffbach abrinnt, stelzet herbstzeit im selben bach ein kindt. Waltherr von Wyl genambt, vndt sahe ein schübli im Bach, das schupffet er mit der stältzen etc. anno 1349". Rochholz 458.
3) „Swer spilen welle der kegel,
   der sol gên ûf den plaz,
   dâ vindet er maugen vürsaz." HGA. 49. 1184.
   „kegel werff' und gampelspil." Keller, Erz. S. 21, 30.
4) Rochholz 458.
5) Schöpf 804.

> sie streckent sich nider ûf den lîp
> zuo der erden, als ein altez wîp,
> die lange würme bîzent,
> sie kristent unde krîstent,
> sie mezzent unde mezzent,
> biz daz sie gar vergezzent,
> daz sie witzige liute sint,
> sie ligent hie rehte als diu kint,
> die grüeblîn grabent an der strâzen.
> wie mac ein wîser man gelâzen,
> er müeze lachen, wenn er daz siht!
>
> Renner 11360 ff.

Das Wichtelspiel [1]) wird zweimal erwähnt, ohne dass wir darüber nähere Kunde besitzen. Manche Spiele knüpfen sich an eine bestimmte Zeit oder Gelegenheit. So hecken die Kinder mit den Eiern um Ostern. Dies Spiel ist in der Tugenden Schatz erwähnt:

„zwei wolten mit eigern klucken" [2]).

Wird ein Schwein geschlachtet, spielen die Kinder mit der aufgeblähten Blase, wovon schon Geiler berichtet: „Wen man ein suw metzget, so nemen die bösen knaben die blatter und blasent sie uff und thuon drei oder fier erbsen darin und machen ein gerümpel, und ist inen die blatter lieber dann zwo seiten speck" [3]).

Wir übergehen die grossen Kinderfeste am Gregoritage [4]) und am Tage der unschuldigen Kindlein [5]), das Bischofspiel [6]), Virgatum gehen [7]) etc. und geben zum Schlusse das Verzeichniss der Spiele aus „der Tugenden Schatz" vollständig [8]). Denn viele derselben wurden zweifelsohne auch von Kindern getrieben:

---

1) „des weisheit abt ich zeime spil,
   daz man diu wihtel hât genant. MSH. I, 298ᵃ.
   „und spilt mit dem wihtelin
   ûf dem tisch umb guoten win." Buch der Rügen 509.
2) Altswert 90, 20.
3) Brösamlin II. Bl. 51. Rochholz 448.
4) Rochholz 502.
5) Rochholz 501. Scheible. Gute alte Zeit 566.
6) Scheible, G. a. Z. 568. 571.
7) Ebendort 565.
8) Altswert S. 89 und 90.

„Zwei begunden kosen,
Zwei die brachen rosen,
Zwein was mit einander wol,
Zwei die suochten viol,
Zwei begunden singen,
Zwei die wolten springen,
Zwei begunden schallen,
Zwei wolten in bluomen vallen,
Zwei die wurden runen,
Zwei die wolten besunen,
Zwei die brachen blüemelin,
Zwei spilten über füezelin,
Zwei die lebten in goume,
Zwei die stigen uf die boume,
Zwei die zugen schachzabelspil,
Zwei geilten mit ein ander vil,
Zwei spilten greselis,
Zwei brachen daz meienris,
Zwei sluogen durch den ring,
Zwei eins daz ander umb vieng,
Zwei wolten golen,
Zwei spilten der bolen,
Zwei walten zuo dem zweck.
Zwei die spilten zeck.
Zwei schuzen zuo dem zil,
Zwei spilten wirtzebel spil,
Zwei liefen die harr,
Zwei spilten reisen bar,
Zwei die stiezen den stein,
Zwei spilten bein über bein,
Zwei lebten an riuwen,
Zwei spilten der untriuwen,
Zwei die spilten schelkliz,
Zwei stuonden für ein mit fliz,
Zwei die triben michel wunder,
Zwei eins tet sich da under,
Zwei spilten: „wer tet dir daz?"
Zwei lagen in dem gras,
Zwei spilten zürlin mürlin,

>Zwei sprach: „der plaz ist min",
>Zwei spilten tumpheit,
>Zwei eins uf den flaz schreit,
>Zwei spilten blinder mûsen,
>Zwei die wolten lusen,
>Zwei die wolten singen sagen,
>Zwei begunden loufen, jagen,
>Zwei spilten in den kreizen,
>Zwei die riten beizen,
>Zwei begunden sich smucken,
>Zwei spilten der fulen brucken,
>Zwei wolten mit eigern klucken,
>Zwei begunden zuosamen rucken,
>Zwei halsten mit luste,
>Zwei einz daz ander kuste."

Wir schliessen, nachdem wir das uns Bekannte über das Kinderspiel und dahin Einschlägiges mitgetheilt haben, noch einiges an, was in das Bereich der Kinderwelt gehört.

Kleine Kinder betasten gerne glänzende Gegenstände oder spielen damit:

>„dô vergaz ez sînes frostes und spilte mit den ringen sîn.
>alsô daz kleine kindel sîner sorgen gar vergaz,
>dô greif ez an die ringe und sprach: „waz ist daz?"
>des halsperges schoene daz kindel nie verdrôz."
>>Wolfdietrich A. 83. 84.[1]

und greifen Menschen und Thieren in die Augen:

>„Diu ougen in ir houpten (der Wölfe) brunnen alse ein kerzenlicht.
>der arme was ein tôre und vorht sîne vinde niht.
>er gienc ze iegelîchem und greif im mit der hant.
>wâ er ir lichtiu ougen in ir kopfen vant." Wolfdietrich A. 103.

Immer besahen sich die Kinder gerne in Spiegeln und glaubten, dass ein anderes Kind darin sei, was uns Thomasin bestätigt:

>„nu merket daz, swenn diu kint
>in einen spiegel sehende sint,
>daz kumt niht von grôzem sinne,
>daz si waenent, daz dar inne
>ein kint sî, daz mit in spil." Wälsch. Gast 3627 ff.

[1]) Vgl. Parzival 123, 22 ff.

Im Wolfdietrich wird auch der Reiz, den die Blumen (Rosen) auf Kinder üben, berührt (90 - 93) und erzählt, dass das Kind, um sich zu unterhalten, auf das Gras fiel:

„durch sîne kurzwîle viel ez ûf daz grüene gras." A. 94, 3.

Obwol die Kinder thöricht [1]) sind, so zeigen sie doch oft Klugheit und wollen ihren Willen durchsetzen:

„An boeser kluogheit kleiniu kint
vil klüeger denn ir väter sint."

Renner 6267.

„mir ist ouch als den kinden
geschehen und gelungen:
diu sint als unbetwungen
in herzen und in muote,
daz si für daz guote
daz arge dicke meinent
und dicke daz beweinent,
daz man in muoz ir schaden wern."

Partenopier 12077 ff.

Geschieht nicht ihr Wille, so weinen sie [2]) und am Zanke finden sie ihr Gefallen.[3]) Das gewöhnliche Zucht- und Schreckmittel

---

1) Vgl.: du bist der witze gar ein kint. MSH. II, 14ᵃ.
   du bist der sinne ein kint. Ortnit 273, 3.
   du bist an dinen sinnen leider gar ein kint. Ortnit 334, 3.
   sô bin ich tumber danne ein kint. Freidank 116, 12.
   sô waer ich tumber danne ein kint. Iwein 7853.
   der dûht mich tumber denn ein kint. Krone 104ᵇ.
   was ergouchet als ein kint. Partenopier 19345.
   der sinne und der jâre bistû leider noch ein kint. Alphart 97, 4.
   dû bist ein kint, daz schînet wol,
   kint tumpliche gebâren sol. Barlaam 207, 3.
2) Vgl.: ich saz hie weinende als ein kint. Lichtenstein 303, 13.
   ir weinet reht alsam diu kint. Ebendort 305, 7.
   sêre weinend als ein kint. Flore 5451.
   dô wart im alse rehte wê
   ze muote, daz er weinte
   und jâmers vil erscheinte,
   sam die knaben und diu kint,
   diu fruo zen noeten komen sint.
   der si wâren ungewone. Partenopier 680 ff.
   daz kint daz weinde unde schrei. Boner 63, 7.
3) Gar dick der hächlen er entpfyndt.
   wer stâtes zancket, wie ein kint. Narrensc. iff S. 70.

für ungezogene Kinder war die Ruthe, die so oft erwähnt wird [1]
und als unentbehrlich galt. Rochholz hat diesen Gegenstand in
der Abhandlung: „Die Ruthe küssen" ausführlich besprochen.
(Germania I, 134. Al. Kinderlied 513—542.) Bruder Berthold
predigt: „Wan für die zît, als ez êrste boesiu wort sprichet, sô
sult ir ein kleinez rüetelîn nemen bî iu, daz alle zît ob iu stecke
in dem diln oder in der want, und als ez eine unzuht oder ein
boesez wort sprichet, sô sult ir im ein smitzelîn tuon an blôze

---

    Es ist jhn wie den kleinen kindlein,
    Sie haben gern so newe fündlein,
    Sie müssen nur gezänkelt han.
                     Fischart, Kuttenstreit 87, Werke I, 103.

[2] swer den besemen intlibet,
den sun er hazzit unde nidet. Kaiserchronik 1397.
liebem kinde ist guot ein ris. MSH. II, 251a.
daz kint gehoeret zuo dem rise. Haslau 1193.
ze lieben kinden hoert ein ris. Colm. 94, 38.
ein man der ber sin liebez kint die wile und ez sich beren lât.
                     MSH. II. 251b.
und sluogen die vil guoten
mit langen dicken ruoten,
alse man din kint bert,
sô man in ir unzuht wert. Germ Stud. S. 24.
der sprichet, swer den besmen spar,
daz der den sun versûme gar. Walther L. 23, 29.
wer sein kint lieb hât,
der zaigt im die gaissel frue und spât. Mone Anz. VII, 504.
wan man spricht: dem chind
die menschen allerliebest sind,
sô die besen prait sein. Hätzlerin 133b.
wer der rüten schônet,
sin selbes kint er hônet. Morolf II, 547.
ie lieber knoht, ie groezer besem, Helbling III, 94.
ie lieber kint, ie grösser pesen. Wolkenstein XIX, 4. 10.
ie zerter kint, ie grösser ruet. Wolkenstein VII, 3, 3.
wie lieber kint, ie scherffer ruot. Muskatblut 120, 8.
dô man alte sach dur zuht die jungen bliuwen,
dô stuond ez an êren baz nnd ouch an triuwen.
                     Singenberg W. 236, 18.
sô het ich sorge, als ein kint ze der ruote. MSH. I, 282a.
vor angst slach ich mein kinder
oft hinhinder. Wolkenstein III, 2, 20.
Vrgl. Ortnit 137. 138.

hût. niwan ein kleinez rîselin: daz fürhtet ez unde wirt wol gezogen" I, 35, 4. und noch Lonicerus führt den weitverbreiteten alten Reim an:
„o du gute Birkenruth,
du machst die ungehorsame Kinder gut"[1]).

Neben der Ruthe wurden Drohworte und Schreckbilder gebraucht, um Kinder zu Ruhe und Gehorsam zu bringen, wie heutzutage[2].) Wie man jetzt noch das Kind mit den Worten geschweigt: „Bist du nicht still, kommt der Wolf und frisst dich", geschah dies schon in früher Zeit. Boner erzählt uns, wie eine Frau ihr weinendes Kind durch ein Ei beschwichtigen wollte. Als dies nicht verfieng, sprach sie:
„swîg, mîn liebez kint!
swigest nicht, der wolf dich nint;
dem wil ich dich schiere geben.
swîg, wiltu behaben dîn leben." 63, 9

In Tirol droht man dem weinenden Kinde:
„Bist nicht still,
Holt dich der Putz[3]) auf der Dill."[4])

Dasselbe Schreckmittel war längst im Brauche:
„mich solte nieman schrecken mit dem butzen."
Labers Jagd Str. 357.

„den putzen niht unfruote er vorht gelich den kinden."
J. Titurel 1275, 1.

„si sehent mich niht mêr an in butzen wîs, als sie wîlent tâten."
Walther L. 28, 37. Pf. S. 260.

„dem machent lihte butzen griul." v. Seven W. 261, 6 [5])

---

1) Kräuterbuch 94. Wan du ein kind hast, das vnzüchtig isst oder in ein schüssel greifft, so schlechstu es vff' die hend oder an den kopff.
Geiler, von den XV. Staffelen bl. 32ᵇ.
2) Vgl. über Kinderscheuchen Birlinger, Volksthümliches I, S. 25. 26. 57. 59. 63. 64. 67. 68. 110. 250. Lütolf S. 123 ff. Kuhn, norddeutsche Sagen S. 429. Zingerle, Sitten S. 7. Laudsteiner S. 35. 64. 65. 66. Müller, niedersächsische Sagen S. 65. Mannhardt, Korndämonen 11. 20. 24. 30.
3) Vergl. Grimm Mythologie 474. Grimm WB. II, 388. Schöpf 71. Schmeller 1, 229. II. Aufl. I. 316.
4) Dachboden s. Schöpf 83.
5) In Baiern sagt man: „De Buzl kimt! wart, i las glei' 'en Buzl eine." Schmeller a. a. O. In Ehingen singt man:

Auch drohte man ihnen geradezu mit dem Manne, worunter man wohl ursprünglich einen wilden Mann meinte. So sagt Geiler: „Wenn daz Kind sein Muoter im Hauss behalten wil, so spricht sy:
„Gang nit hinauss,
Der Man ist drauss." [1])
Derselbe Prediger erwähnt auch drei Kinderscheuchen in seinem Pilgrim (1499): „Wenn ein Kind gern mit seiner Muter oder Vatter aus dem Haus wer an die Gassen oder an dye Sunnen, so selbt es an und schreit veintlich und so spricht man denn zu dem Kind: „**schweig der Murmler oder der Butz ist draussen!**" oder: „**der Mann, der will dich beissen**", oder: „**die Gens, die pfeifen über dich!**" Was thut denn das Kind? Es gesitzt also und schweigt und fürcht jm und dar nichs mer jehen vnnd werd och gern hinauss, aber es **fürchtet den Mann oder den Butzen**" ... „Das ander, des sich das Kind erschrecken laust, das ist der **Mann**: das ist den jungen Menschen gar ain vast grosse und schwerliche Hindernuss und wenn sy gern anfingen spacieren aus dem Hauss zu gen, aus jren Sunden; so förchten sy nun den Mann. Wer ist der Mann? sprechen sie. Ey, was wurd man sprechen, wenn ich jetzt anfieng und wölte gern thun und wölte Gott dienen und wölt geistlich werden, so fürcht ich nu, es gereu mich wieder." ... „das drit, daz ein Kind erschreckt, das send die Gäns. Wer send die Gens, die also anheben zu pfeiffen über eines? Wenn eines anhept zu beichten und zum dickern mal zu dem sakrament zu gan vnd will sich in ein recht Christenlich Leben schicken, so heben denn an die Gens zu pfeiffen."

Wie man heutzutage den Kindern Sprechübungen [2]) vorsagt, um ihre Zungen geläufiger zu machen, so geschah dies auch in früherer Zeit, denn mehrere derselben finden wir aufgezeichnet, z. B.
„ein flig die prewt ein praw von pir [3])."

„Holle, holle, ho!
Das Butzenweib ist do;
Es lauft im Flecken, auf und ab:
„He? ich kanf euch Kinder ab."
Birlinger, Nimm mich mit S. 18.

1) Predigten (Augsburg 1508) Bl. 24.
2) Vgl. Simrock, Kinderbuch S. 278. Stöber, Volksbüchlein S. 57. Rochholz S. 23. Birlinger, Nimm mich mit S. 21. Zingerle, Sitten S. 268.
3) Keller, Erzähl. 492, 26.

„Item unverworren sol mit verworren unverworren sein,
so bleibt unverworren mit verworren unverworren [1]."

„Wenn wir wern, wo wir wolten, wer wais wo wir wern [2]."

Dem Spruche:
„Wenn mancher Mann wüsste,
Was mancher Mann wär,
Gäb mancher Mann manchem Mann
Manchmal mehr Ehr"

begegnen wir schon im Liederbuche der Cl. Hätzlerin LXIX, und der Mystiker Ruhmann Merswin schrieb ihn an den Schluss seiner Predigtbücher anno 1465 [3]).

Bei Fischart finden wir folgende, die hieher zu zählen sind:

Kubrantzumvih. Garg. XVII.

Virlamenten kukleass. Garg. XVIII.

Zunglinspitzlin, Fritzenschnitzlin. Garg. XXV.

Susa seusslin, Flusa fleusslin. Garg. XXV.

Weren nicht die Herren des Viehs der Herd,
Vnd die Herren der Herd auff diser Erd,
So weren wir all Geistlich vnd gelehrt. Garg. XIX.

Meiner Mutter Magd macht mir mein Mus mit meiner Mutter
Mehl [4]). Garg. XXV.

Der Vers:
„Ren, ram, rint, rehte räten ruoch."

mit dem Meister Rûmzlant ein Räthsel einführt, scheint auch dieser Sprechgymnastik anzugehören [5]). Der Reimspruch:

„Lirum, larum, Löffelstiel,
Wer das nit kann, der kann nit vil [6])."

---

1) Keller, Fasnachtspiele S. 1457.
2) Ebendort S. 1457.
3) Vgl. Grieshaber, altd. Pred. 2, VIII. Birlinger, Nimm mich mit S. 28. Simrock, Kinderbuch S 280. Stöber, Volksbüchlein S. 60.
4) Vgl. Simrock, Kinderbuch S. 280. Zingerle, Sitten S. 269. Stöber, Volksbüchlein S. 60. Ein österr. Schulmeister S. 81.
5) MSH. II, 369ª.
6) Vgl. Rochholz S. 28. Stöber, Volksbüchlein S 55. Simrock, Kinderbuch No. 78. 79. Birlinger, Nimm mich mit S. 63. „Wann noch heunt der Salomon solte vom Tod erstehn und der Welt predigen müste, so wurde er sagen: was ich in der Welt hab gefunden ist Lyrum Larum."
Horologium II, 165.

war schon Fischart (s. Garg. c. 25) bekannt. Als einen früher
sehr bekannten Kinderreim müssen wir den folgenden:
"Gickes, geckes ofenloch,
die gäns gehen barfus ¹)".
annehmen, welchen Johannes Nas dreimal vorführt:
"die gens geen barfuss." Cent. II, praefatio bl. V.
"Gickes, Geckes Ofenloch
die Gäns gehn barfuss." Cent. II, 199ᵇ·
"ja gickes geckes offenloch,
die gäns gehn barfuss". Cent. V, 54ᵃ·
und Murner scheint darauf anzuspielen:
"Gickus geckus in sie gefisten." Gr. luth. Narr S. 84.
Hieher möchte ich auch:
"guck noch gack" Gr. luth. Narr S. 28.
und: "hurres murres." Geiler, von den 15 Staffeln 36ᵇ·
beziehen.

Ein besonderes Vergnügen macht den Kindern, die Vögelsprache nachzuahmen oder deren Gesange und Gezwitscher Sinn und Bedeutung unterzulegen. Mittelhochdeutsche Dichter sprechen ja vom Vögellatein ²), deuten ihren Sang oder Ruf und ahmen denselben nach. Die Verse:
"Nû merket baz der swalwen art,
die sie ze stunden wîset:
sie vliuget hin und schiuzt her wider,
"du diep, du diep!" sie schrîet ³)."
geben dem Schwalbensange Deutung. Meister Rûmzlant ahmt denselben nach:
"Ir arme kwittel zwitter schürfen snarz ouch sange lâget ⁴)"

Am weitesten geht in dieser Beziehung Oswald von Wolkenstein im Liede XLI, 1. Umsomehr werden Kinder, die damals der Natur viel näher stunden, als jetzt, der Vögelsprache ihre Auf-

---

1) Vgl. Stöber, Volksbüchlein S. 20. Simrock, Kinderbuch No 199. 803.
   Wackernagel, Voces 94.
2) "diu wilden waltvögellin
   hiezen si willekomen sin
   vil suoze in ir latine." Tristan 436, 5. Vgl. Gött. Anz. 1833, 1590.
3) MSH. III, 109ᵇ·
4) MSH. II, 369ᵇ· Vgl. Wolf, Zeitschrift I, 239. II, 114. Meier, Kinderspiel S. 31. Birlinger, Nimm mich mit S. 81. 99. Zingerle Sitten S. 89.

merksamkeit zugewandt haben, was uns Megenberg an einer schon früher angeführten Stelle bestätigt [1]). Des Raben Ruf, dem heutzutage von Kindern so viele Redeformeln zugetheilt werden [2]), wurde schon im Mittelalter gedeutet:

„Dum iuvenis est, cantat tibi: cras, cras;
Dum senex est, cantat: grap, grap."
Narrenschiff S. 363^a.

„wer singt cras cras glich wie ein rapp" —
„und singt cras, cras des rappen gsang·"
Narrenschiff c. 31, a. u. 7.

Die alten Münch han offt gesagt,
Dass, wann man einen Rappen fragt,
Wann er wöll werden weiss und frumb,
So schreit er Cras, Cras vmb vnd vmb.
Fischart, Nacht Rab 3729. Werke I, 97.

Allein nicht nur Thierstimmen[3]) ahmen die Kinder nach, sondern auch das Geklapper der Mühle. So theilt Simrock mit: „Wenn der Müller die Mühle anlässt, so fragt sie erst langsam: „Wer ist da? wer ist da?" Und antwortet dann schnell: „Der Müller! der Müller!" und setzt geschwind hinzu: „Stiehlt tapfer,

---

[1]) Das Buch der Natur S. 228.
[2]) Vgl. Rochholz S. 82. Simrock, Kinderbuch No. 572. Meier, Kinderreime No. 71. Zingerle, Sitten S. 249. Birlinger, Nimm mich mit S. 85.
[3]) Ueber Nachahmung der Thierstimmen vgl. Wackernagel, Voces S. 9 ff. 23 ff. 101 ff. Simrock, Kinderbuch S. 166—178. Rochholz S. 75—97. Birlinger, Nimm mich mit S. 80—87. Bumüller, Lesebuch für Volksschulen I, 61. Ein österr. Schulmeister S. 83. Meier, Kinderlied S. 22 ff. Stöber, Volksbüchlein S. 69 ff. Curtze, 285. Zingerle, Sitten S. 248 bis 250. Sachse S. 14. Schwartz, Sagen der Mark Brandenburg S. 25. Grimm, Märchen No. 171. Viele Belege bietet Schiller in „Zum Thier- und Kräuterbuche des mecklenburgischen Volkes." III. Heft. Das Katzengeschrei ahmt Murner nach:

„Kumpt ir katzen schwartz und grauw,
Vnd singen mauw vnd aber mauw,
Mauw, mauw singen har
Der murmauw vnd der murnar
Meuwe, meuwe, der tenor,
Mauw vnd mauw der bass fürwor.
Wan ich nit ein katze wer,
Wie künt ich also mauwen her? Gr. luth. Narr S. 187.

stiehlt tapfer drei Sechter vom Achtel". Oder sie spricht zuerst, wenn das Rad noch langsam geht: „Es ist ein Dieb da", und fragt dann in schnellerer Bewegung: „Wer ist er, wer ist er?" und antwortet sich schnell und ohne Aufhören: „der Müller, der Müller, der Müller!"
  Die Mühle geht die Juck die Jack,
  Das beste Korn in meinen Sack [1]).

Dem auf die Wanderschaft gehenden Handwerksgesellen sagt die Mühle: „Kehre wieder, kehre wieder [2])". — Dass man dem Mühlrade schon im Mittelalter eine Sprache beilegte, bezeugt uns Hugo von Trimberg:

  „ein mül mit einem redelîn
  bî einem kleinen dorfelîn
  hete hie vor ein armer man.
  sô wazzers dem redlîn zeran
  und ez niht hete vollen swanc,
  mit jâmer ez umbe gie unt sanc:
  „hilf herre got! hilf herre got!
  dir ist alleine bekant mîn nôt."
  nû was dâ bî ein dorf vil grôz,
  bî dem ein kreftic wazzer flôz;
  daz treip zwei reder krefteclîch,
  die slaberten mit einander glîch:
  „hilf oder lâz, hilf oder lâz!
  diu erd sî trocken oder naz,
  sô hab wir doch guot tac unt naht;
  uns wirt sô manec sac her brâht."
         Renner 7876—91 [3]).

Noch älter ist das Zeugniss in der altnordischen Dietrichssage: „Und als Heime an einen Strom kam, da sprang sein Hengst Rispa so gewaltig, dass er hinüberflog, wie ein Bolzen von der Sehne. Und es wird gesagt, dass eine Mühle auf dem Strome

---

[1]) Kinderbuch S. 176. Wackernagel, Voces S. 11. Meier S. 43.
[2]) Im Märchen von Machandelbom macht sie: „Klippe, klappe, klippe, klappe" Grimm, Märchen I, S. 238. In einer Sage aus der Wetterau spricht das Mühlrad: „Juckt dich dein Buckel, juckt dich dein Buckel?" Haupt, Zeitschrift 4, 512.
[3]) Vgl. Die Mühlradsprache. Haupt, Zeitschrift 4, 511. Wackernagel, Voces 18—20.

war, und die Mühle gieng. Heime aber hörte, als wenn die Mühlräder riefen: „Schlag, schlag!" und „Triff, triff" (Slag, slag! oc Drep drep!) und wähnte, der alte Biterolf ritte hinter ihm her und sagte zu seinem Sohne Dietleib: „Hau, hau!" und „Triff!" (Hogg, hogg! oc Drep!"[1])

Wenn die Kinder heutzutage den Glockenklang nachahmen und ihm einen Text unterlegen[2], so dürfen wir schliessen, dass dies schon in frühern Zeiten geschehen. Schon Seb. Frank erzählt: „In einem pfarrthurm hangend dry glocken, die erst vnd kleinest, anzogen vnd glüt, spricht: „Gem wyn, gem wyn, gem wyn" etc. Die ander gröber, so man die Non glocken nennt, spricht: „Wär zalts, wär zalts, wär zalts?" Zelest lüt man die gross sturmglocken, die brummt: „Puren, Puren, Puren"[3]), und Luther kennt schon den Kinderreim:

„Kling — klang — gloriam:
Die Sau, die hat den Chorrock an."[4])

Dass die Kinder Lieder leicht lernten und sangen, berichtet uns Bruder Berthold, wenn er sagt: „Ist iht guoter meister hie, daz sie niuwen sanc dâ von singen, die merken mir disiu siben wort gar eben und machen lieder dâ von: dâ tuot ir gar wol an; unde machet sie kurze unde ringe und daz sie kindegelîch wol gelernen mügen; wan sô gelernent sie die liute alle gemeine diu selben dinc unde vergezzent ir deste minner. Ez was ein verworhter ketzer, der machte lieder von ketzerie unde lêrte sie diu kint an der strâze, daz der liute deste mêr in ketzerîe vielen." I, 406.

Kurz und leicht waren somit die Kinderlieder. Haben sich auch nur wenige Spuren schriftlich erhalten, so reichen dieselben doch hin, um uns zur Annahme zu dienen, dasz die ältern Kinderlieder den unserigen nach Form und Inhalt nahe standen. Ja,

---

1) Hagen, Vilkina-Saga. Cap. 94. Wackernagel, Voces S. 19. Haupt, Zeitschrift 4, 511.
2) Rochholz 57—65. Meier S. 42. Zingerle, Sitten S. 267. Stöber S. 17. Fiedler, Volksreime und Volkslieder in Anhalt-Dessau S. 92 ff. No. 159. Die Glocke in Manfredonia (Neapel) sagt: „Damme dotte" (d. h. gib mir, dann gebe ich dir). Basile's Pentam. übers. v. Liebrecht II. 84.
3) Seb. Franck I. 90b. Zarncke's Narrenschiff S. 427. Rochholz S. 60.
4) Tischreden. Leipzig 1621. S. 388. Rochholz S. 65. Ueber Glockensprache vrgl. Wackernagel, Voces S. 14. 20.

wir werden nicht irren, Liedchen, die heutzutage über ganz Deutschland verbreitet sind, schon dem Mittelalter zuzuweisen. Zu diesen gehört das Lied: „Sonne, Sonne scheine!", das in vielen Variationen bekannt ist [1]) und selbst in Neapel gesungen war [2]).

Der Reim an die Schnecke: „Schnecke, Schnecke, schniere" [3]) scheint uralt zu sein. Wir finden einen ähnlichen auch in Italien:

„Jesce, jesce corna
Ca mammata te scorna
Te scorna ncoppa l'astreco,
Che fa lo figlio mascolo." [4])

Auch die Liedchen an Grillen, Maikäfer, Kukuk scheinen weit zurück zu reichen, wie die Auszählereime.

Den Vers eines bekannten Schaukelliedes [5]): „Also reuten die Bawren" kennt schon Fischart, Garg. V. Für das hohe Alter des Reimmärchens vom Joggele [6]) bürgt uns der Umstand, dass es auch in England, Frankreich und Ungarn bekannt ist, ja im hebräischen und chaldäischen Texte sich vorfindet. [7])

Von den Kettenreimen, [8]) die in der Kinderwelt so weit ver-

---

1) Mannhardt, germanische Mythen 386—397. Simrock, Kinderbuch No. 169. Meier, No. 66. Zingerle, Sitten S. 255. Kehrein II, 81. Wolf, Zeitschrift II, 219. IV, 346. 347.

2) Liebrecht, Pentamerone II, 252. Auch in Wälschtirol ist es bekannt Schneller, Märchen S. 248. Ueber ähnliche Kindersprüche bei den Griechen s. Germania VI, 380. Grasberger S. 131.

3) Simrock, Kinderbuch No. 524—529. Rochholz S. 98. Meier No. 75. 76. Zingerle, Sitten S. 248. Birlinger, Nimm mich mit S. 107. Stöber, Volksbüchlein S. 86. Kehrein II, 83. Wolf, Zeitschrift IV, 329.

4) Liebrecht, Pentamerone I, 406. Aus Wälschtirol theilt Schneller drei solche Reime mit. Märchen S. 250.

5) Simrock, Kinderbuch No. 132. Stöber, Volksbüchlein S. 28. Meier S. 7.

6) Stöber No. 103. Rochholz S. 149. Zingerle, Sitten S. 260. Baslerische Kinderreime S. 12. Curtze S. 287. Simrock No. 948. 949. Meier, Märchen S. 285. Birlinger, Nimm mich mit S. 44. Firmenich III, 22. Kehrein II, S. 137. Sachse S. 20.

7) Stöber S. 129, Rochholz S. 152. Englisch bei Halliwell: The nursery rhymes of England 2. ed. (1843) S. 219—224, und namentlich R. Köhlers Aufsatz: „Der Bauer schickt den Jackel aus." Germania V, 463 bis 467. Liebrecht, über „Hottentottische Märchen" in Lazarus und Steinthals Zeitschrift V, 63, und ein Zulumärchen. Heid. Jahrb. 1869, 506.

8) Vrgl. Simrock No. 163. 164. 166. 167. Meier, Kinderlied No. 39. Stöber No. 67. 126. Zingerle, Sitten S. 238. Müllenhof S. 476. 477.

breitet und beliebt sind, ist einer aus dem 14. Jahrhundert erhalten, der uns schlagend beweist, dasz die damaligen Kinderreime auch der Form nach genau den unserigen entsprachen. Er lautet:

> Es reit ein hêrre:
> sîn schilt was ein gêre;
> Ein gêre was sîn schilt,
> unde ein hagel sîn wint;
> Sîn wint was ein hagel.
> ich wil iuch fürbas sagen,
> Ich wil iuch fürbas singen:
> bougen daz sint rinder;
> Rinder daz sint bougen,
> unde ein slâf ein ouge:
> Unde ein ouge ist ein slâf,
> unde ein wider ist ein schâf;
> Ein schâf ist ein wider,
> unde ein geis ist ein zige;
> Unde ein zige ist ein geis,
> unde ein stücke ist ein fleisch;
> Unde ein fleisch ist ein stücke,
> unde ein bein ist ein rippe;
> Unde ein rippe ist ein bein,
> unde ein wacke ist ein stein;
> Unde ein stein ist ein wacke,
> unde ein bîhel ist ein ackes;
> Unde ein ackes ist ein bîhel,
> Unde ein ros ein rebîgel;
> Unde ein rebîgel dast ein ros,
> unde ein rigel dast ein slôs;
> Unde ein slôs ist ein rigel,
> unde ein bang dast ein sidel;
> Unde ein sidel ist ein bang,
> unde ein trotte ist ein ûfgang:
> Ein ûfgang ist ein trotte,
> unde ein huon ist ein kappe;

Frommann. Zeitschrift III, 517. Kehrein II. 88. Birlinger, Nimm mich mit S. 32, 33, Sachse S. 19.

Ein kappe daz ist ouch ein huon,
unde ein nidercleit ein bruoch;
Ein bruoch ist ein nidercleit,
unde ein brôt ist ein leip;
Unde ein leip dast ein brôt,
hunger daz ist grôze nôt;
Grôze nôt dast hunger,
so ist ein visch ein haering;
Unde ein haering ist ein visch,
unde ein bret ist ein tisch;
Unde ein tisch ist ein bret,
ûf der erden ist der weg;
Alle wege ûf der erde,
ûzer milche macht man kaese;
lînîn tuoch ist guot zwilich;
Zwilich daz ist lînîn tuoch,
unde ein salter ist ein buoch;
Unde ein buoch ist ein salter,
unde ein stein ein alter;
Unde ein alter ein stein;
ûf den beinen gôt men hein [1]).

Das gereimte Kindergebet:
„Abends wenn ich schlafen geh" etc. [2]), das über ganz Deutschland und noch weiter verbreitet ist, [3]) lernte schon Johannes Agricola (geb. 1492), denn er sagt: „Uns kinder lernten unsere eltern also beten, wenn wir schlafen giengen:

„Ich wil heint schlafen gehen
Zwölf engel sollen mit mir gehen,
Zwen zu haupten,
Zwen zur seiten,
Zwen zun Füssen,
Zwen die mich decken,
Zwen die mich wecken,

---

1) Graff's Diutisca I, 314. 315. Wackernagels Lesebuch (1847) 830.
2) Simrock No. 257. Zingerle, Sitten S. 235. Baslerische Kinderreime S. 2. Müllenhof S. 520. Schmitz S. 78. Birlinger, Nimm mich mit S. 52. Sachse S. 10.
3) Ueber die weite Verbreitung desselben vgl. Köhlers Aufsätze in Pfeiffers Germania V, 448–456. XI, 435–445.

Zwen die mich weisen
Zuo dem himlischen paradeise. Amen."¹)

Es braucht wohl nicht erst bemerkt zu werden, dass dies Gebet, das damals schon ein allgemein übliches gewesen zu sein scheint, in eine weit frühere Zeit zurückreicht. Eine der liebsten Unterhaltungen der Kinder bildet das Räthsel, das ihnen sowohl zur Kurzweil, als zur Bildung und Schärfung des Verstandes dient. Unter den Kinderräthseln, die jetzt im Gebrauche sind, reichen manche tief in's Mittelalter zurück und waren wohl damals schon den Kindern geläufig. So sind z. B. in einer Reichenauer Handschrift aus dem Anfange des 10. Jahrhunderts folgende Räthsel²) enthalten:

„Video et tollo.
si vidissem,
non tulissem³)."

„Portat animam et non habet animam:
non ambulat super terram neque in caelo⁴)."

„Volavit volucer sine plumis,
sedit in arbore sine foliis,
venit homo sine manibus,
conscendit illum sine pedibus,
assavit illum sine igne,
comedit illum sine ore⁵)."

Die Räthsel vom Jahre:

„Es ist ein Baum, der hat zwölf Ast,
Jeder Ast hat dreissig Gäst,
Ein Gast hat vierundzwanzig Ei,
Zweiundsechzig der Vögel Geschrei" etc.

Simrock, Räthselbuch S. 1.

---

1) Sprichwörter No. 547.
2) Müllenhof, Denkmäler S. 11.
3) Vgl. Rochholz 237. Simrock, Kinderbuch No. 1052:
„Sieht man es, so lässt mans liegen,
Sieht mans nicht, so hebt mans auf."
(Das Loch an der wurm-stichigen Haselnuss.)
4) Vgl. Rochholz 261. — Zingerle, Sitten S. 275.
5) Vgl. Simrock, Kinderbuch No. 1056. Meier No. 306. Müllenhof, Sagen S. 504. Zingerle, Sitten S. 279. Schmitz S. 205. Kehrein II, 107. Wolf, Zeitschrift II, 434. III, 19.

„E lange, lange Baum
Mit zweuefeufzig Näst,
ûf jede Nast es Nest,
i jede sieben Eier,
i jedem Ei es Gêls
mit vierezwänzig Dottre." Rochholz S. 242.

waren schon im Mittelalter bekannt:
„Est arbor ramos quidam retinens duodenos,
quinquaginta duos rami retinent sibi nidos,
nidorum quisque septem volucres habet in se
et volucrum quisque sibi nomen habet speciale."
Sterz. Handschrift Bl. 34ª· [1])

Das Räthsel vom Nebel:
„Ein Thal voll,
Ein Land voll,
Und doch keine Hand voll [2])"
kannte schon Freidank, denn er sagt:
„der nebel vüllet witiu lant
unt wirt sîn niemer volliu hant." 18, 8.

Ebenso begegnen uns die Kinderräthsel: „Welcher Mensch hat ein ganz Viertel der Welt getödtet?" (Simrock, Kinderbuch S. 308)

und: „Wer hat so geschrieen, dasz die ganze Welt es hörte?" (Simrock S. 308)

schon bei diesem Spruchdichter:
„ein man sluoc (daz was unheil)
al der werlt daz vierteil: [3])
an einer stat ein hunt erbal,
daz über al die werlt erschal [4]).

---

[1] Vgl. Haupt. Zeitschrift 3, 33. Ein anderes Räthsel vom Jahr hat Reinmar von Zweter. HMS. II, 211ª·

[2] Zingerle, Sitten S. 278.

[3] Vrgl. ez sluoc der werlde vierden teil MSH. II, 241ª·
Ein bruoder sinen bruoder sluoc,
ê daz ir beider vater wart geborn. MSH. II, 221ª·

[4] Tanhûser kennt auch dies Räthsel:
dar nâch ein hunt erbal,
daz alle liute, die dô lebten, hörten sinen schal.
MSH. II, 97ᵇ·

zeiner zît ein esel luote,
daz ez al die werlt muote." 109, 8 ff.

Im Tragemundsliede [1]), das dem zwölften Jahrhunderte angehört, finden wir einige Räthsel, die jetzt noch beinahe jedem Kinde bekannt sind. Das Räthsel: "Wer ist gestorben und nicht geboren?[2])" kannte schon Tanhûser [3]).

Es mögen diese wenigen Beispiele genügen, um zu zeigen, das manche unserer Kinderräthsel schon dem Mittelalter geläufig waren. Neben dem Räthsel gehört das Märchenerzählen zu den beliebtesten Unterhaltungen der Kleinen. Das Vorhandensein von Kindermärchen im Mittelalter bestätigen uns folgende Stellen:

"ich hôrte ie sagen von kinden für ein wazzermaere."
Kudrun 1128, 3.

"der tocken wol mit im ze spilen waere,
als ie diu kint erdenkent
durch zîtvertrîben gemelîcher maere". v. Labers, Jagd 351.

Auf ein Kindermärchen scheinen mir Conrad's von Würzburg Verse:

"Zwelf schâcher zeines türsen hûs in einem walde kâmen;
der fraz er einlif sunder wer, die schiere ein ende nâmen:
sît begunde er râmen,
daz se alle würden gar verzert.
dô werte sich der zwelfte, und wolte alsam ein helt gebâren.
dô sprach der türse: "du enmaht nu keiner wer gevâren:
dô dîn zwelve wâren,
dô soltest du dich hân gewert".
Lieder ed. Bartsch S. 393. HMS. 2, 331[b.]
zu deuten.

---

1) Müllenhof, Denkmäler S. 146. Wackernagels Lesebuch (1847) S. 831. Uhland, alte hoch- und niederdeutsche Volkslieder I, 1. Vgl. darüber Müllenhof, Denkmäler S. 429.
2) Simrock, Kinderbuch S. 303. Haupt, Zeitschrift 3, 33
3) Got hiez werden einen man,
   der uie geboren wart von vrouwen libe:
   diu vater noch muoter nie gewan,
   die nam er im ze wibe. MSH. II, 97[b.]
4) Ueber ältere Räthsel vgl. Wackernagel, Räthsel und Fragen. Haupt, Zeitschrift 3, 25—34. Mone. Anzeiger 2, 235—240. 310—312. Ueber nordische, englische, deutsche Räthsel. Müllenhof in Wolfs Zeitschrift III, 1—20,

Das Gedicht „des Spiegels Abenteuer", welches im Anfange sagt:

„die tumben hörten lieber ein maere
von einem tursen sagen."

zeigt in den Versen:

„von enten swarz unde grâ
kan ich nit vil sagen,"

dasz man dazumal bei Märchen ähnliche Schlussformeln liebte, wie heutigen Tages. Die allbekannten Märchen: „Der Arme und der Reiche" [1]) „das Schrätel und der Wasserbär" [2]) besitzen wir schon in einer mittelhochdeutschen Bearbeitung [3]). W. Grimm hat im dritten Bande der deutschen Kinder- und Hausmärchen das hohe Alter vieler derselben nachgewiesen. Als im Mittelalter bekannt müssen wir folgende Märchen der Grimm'schen Sammlung annehmen. No. 1. Der Froschkönig (vrgl. 3, S. 5). No. 18. Strohhalm, Kohle, Bohne (vergl. 3, S. 27). No. 20. Das tapfere Schneiderlein (vergl. 3, S. 29). No. 21. Aschenputtel (vergl. 3, S. 36 ff.) No. 25. Die sieben Raben (vergl. 3, S. 45) No. 27. Die Bremer Stadtmusikanten (vergl. 3, S. 48). Nr. 29. Der Teufel mit den drei goldenen Haaren (vergl. 3, S. 57). No. 32. Der gescheidte Hans (vergl. 3, S. 60). No. 35. Der Schneider im Himmel (vergl. 3, S. 64). No. 44. Der Gevatter Tod (vergl. 3, S. 70). No. 45. Des Schneiders Daumerling Wanderschaft (vergl. 3, S. 71) [3]). No. 49. Die sechs Schwäne (vergl. 3, S. 85). No. 50. Dornröschen (vergl. 3, S. 85). No. 54. Der Ranzen, das Hütlein und Hörnlein (vergl. 3, S. 90). No. 58. Der Hund und der Sperling (vergl. 3, S. 101). No. 61. Das Bürle (vergl. 3, S. 109). No. 72. Der Wolf und der Mensch, (vergl. 3, S., 72). No. 75. Der Fuchs und die Katze (vergl. 3, S. 125). No. 77.

---

3) Grimm No. 87. Hebel, Schatzkästlein (1870) S. 78.
2) Müllenhof, Sagen S. 278. Moe und Asbiörnsen, norw. Märchen No. 26. Schönwerth II, 188. Birlinger I, S. 135. Schambach und Müller S. 66. Vernaleken, Mythen S. 180 und 182. Kuhn, norddeutsche Sagen No. 225, 2. Vergl. Grimm, Myth. 447. Simrock Myth. (1869) 422.
3) Ersteres unter der Aufschrift: „die drei Wünsche" HGS. 2, S. 249 ff.; das zweite Mone, Untersuchungen zur Geschichte der deutschen Heldensage S. 281. HGS. 3, S. 261—270. Haupt, Zeitschrift 6, 174 ff. Gödeke's Mittelalter 846.
4) Ueber ähnliche Sagen bei den Griechen s. K. Schenkl, zur Däumlingssage. Germania 8, 384.

Das kluge Gretel (vergl. 3, S. 126). No. 78. Der Grossvater und der Enkel (vergl. 3, S. 127). No. 81. Bruder Lustig (vergl. 3, S. 130 ff.). Auf ein Märchen, wie „Hans im Glück" scheinen mir Brant's Verse:

„Wer syn mul vmb eyn sackpfiff gytt,
Der selb syns tuschens gnüsset nytt
Vnd musz offt gan, so er gern rytt."
Narrenschiff ed. Zarncke S. 86.

anzuspielen. No. 86. Der Fuchs und die Gänse (vergl. 3, S. 145). No. 94. Die kluge Bauerntochter (vergl. 3, S. 171). No. 105. Von der Unke (vergl. 3, S. 185). No. 112. Der himmlische Dreschflegel (vergl. 3, S. 194). No. 115. Die klare Sonne bringts an den Tag (vergl. 3, 196). No. 116. Das blaue Licht (vergl. 3, S. 197). No. 118. Die drei Feldscheerer (vergl. 3, S. 197). No. 110. Die sieben Schwaben (vergl. 3, S. 199). No. 138. Knoist un sine dre Sühne (vergl. 3, S. 220). No. 144. Das Eselein (vergl. S 3, 227). No. 145. Der undankbare Sohn (vergl. 3, S. 228). No. 146. Die Rübe (vergl. 3, S. 229). No. 147. Das junge geglühte Männlein (vergl. 3, S. 231). No. 148. Des Herrn und des Teufels Gethier (vergl. 3, S. 232). No. 151. Die drei Faulen (vergl. 3, S. 233). No. 152. Das Hirtenbüblein (vergl. 3, S. 236). No. 157. Der Sperling und seine Kinder (vergl. 3, S. 239). No. 164. Der faule Heinz (vergl. 3, S. 244). No. 171. Der Zaunkönig (vergl. 3, S. 246) [1]). No. 177. Die Boten des Todes (vergl. 3, S. 249). No. 180. Die ungleichen Kinder Evas (vergl. 3, S. 251). No. 187. Der Hase und der Igel (vergl. 3, S. 255). No. 191. Der Räuber und sein Sohn (vergl. 3, S. 250).

Eine eigene Klasse dieser Erzählungen bilden die Lügenmärchen [2]), deren hohes Alter uns verbürgt ist. Ein solches, das spätestens dem Anfange des eilften Jahrhunderts angehört, beginnt:

„Mendosam quam cantilenam ago
puerulis commendatum dabo,
quo modulos per mendacem risum
auditoribus ingentem ferant [3])."

---
1) Vergl. Wolf, Zeitschrift 1, 2. Germania VI, 80. 231. VII, 185.
2) Vergl. Grimm, Märchen No. 159. Wolf, Märchen S. 422. Meier, Märchen S. 267. Uhland, Volkslieder S. 629—636 und Grimm, Märchen 3, 408.
3) Müllenhof, Denkmäler S. 28.

Einige davon sind uns aus dem Mittelalter noch erhalten [1]) und bezeugen, wie beliebt Märchen dieser Art namentlich im 15. und 16. Jahrhundert waren. Das bekannteste Märchen dieser Art ist das vom Schlauraffenlande, das in verschiedenen Fassungen heutzutage noch verbreitet ist [2]), und von dem wir mehrere ältere Bearbeitungen besitzen [3]).

Wir schliessen hiemit diese Skizze, die uns zeigt, dass im Mittelalter die Kinder grossentheils schon an denselben Spielen und Unterhaltungen sich erlustigten, an denen sich vorzüglich die Landkinder noch heute erfreuen.

---

1) Altdeutsche Blätter 1, 163 ff. Kellers Fasnachtspiele S. 86. Fischarts Flohhatz 48ª. Kellers Erzählungen S. 485—494. Haupt, Zeitschrift 2, 560. 13, 578.

2) Grimm, Märchen No. 158. Bechstein, Märchen (1848) S. 189.

5) Altdeutsche Blätter I, 165—173. Haupt. Zeitschrift 2, 564. Zarncke, Brants Narrenschiff S. 455 und Einleitung CXXII. Am bekanntesten ist „das Schlauraffenland" von Hans Sachs. (Nürnberg. Folioausgabe. Buch I. 1589. Theil 5. Bl. 407). Gödeke, eilf Bücher deutscher Dichtung 1, 80ᵇ. Ueber diesen Gegenstand vergl. Brant, Narrenschiff S. 455. Grimm, Märchen 3, 239. Zu den hier beigebrachten Nachweisen füge ich bei:

„Sie hon auch ein in schluraffenland,
Darumb sie so gut leben hant,
Da ist lebkuchen iede want. Murner, luth. Narr. S. 115.

K. Schenkl wies ähnliche Märchen bei den Griechen nach. Germania 7, 193.

Register.

Apfel 4.
Aufdappeln 45.
Auszählreim 61.
Ballspiel 35 ff.
Bickelsteine 18. 19. 45.
Birke 31.
Blatt 31.
Blättlen 43.
Blinde Kuh 44.
Blinde Maus 44.
Blinkeblank 44.
Blumen 32. 52.
Blumenorakel 32.
Bogen 24.
Bolzen 24.
Brettspiel 46.
Brot 4. 5.
Ei 3. 4. 49. 51.
Ekketi 43.
Elster 15.
Erdbeeren 34.
Eselin beschlagen 45.
Fangspiele 41.
Faule Brücke 40. 51.
Fingerschnellen 45.
Fingerziehen 45.
Gans 55.
Geierspiel 41.
Gerad und ungerad 42.
Glockensprache 60.
Gluckern 28.
Gramüseli machen 44.
Grolle 47.

Grüblein machen 25.
Gurtulli 41.
Halmziehen 32.
Härlizupfen 47.
Hausbauen 24.
Helfen und geben 41.
Hermelin 5. 6.
Herr König, ich diente gerne 45.
Hund 5. 6.
Hurnauss 47.
Joggele 61.
Käfig 11.
Katze 5.
Kegeln 48.
Kettenreime 61. 62.
Kindergebeth 63.
Kinderreime 60.
Kinderscheuchen 54. 55.
Klapper 3.
Kloszstechen 47.
Knöcheln 45.
Kochen 43.
Kreisel 17. 27. 28.
Krûsel 18. 19.
Kugelitrölen 48.
Kukuk 34.
Lachen verhalten 44.
Maikäfer 31.
Mann 55.
Märchen 66.
Mühle 58. 59.
Nüsseschälen 4.
Osterei 4.

Pferdchen 17.
Pflöcklispiel 47.
Platzwechseln 47.
Plumpsack 41.
Puppen 19 ff.
Putz 54. 55.
Rabe 58.
Räthsel 64 ff
Reifschlagen 23. 24.
Reigen 145. 150.
Reime 60—61.
Ringlein 18—19.
Ringleinschnellen 45.
Ruthe 53—54.
Sackzupfen 47.
Schachspiel 46.
Schaf- und Wolfsspiel 41.
Schalmai 31.
Schaukellied 61.
Schaukeln 42.
Schelmspiel 41.
Schenken und logiren 45.
Schmerbickeln 47.
Schnecke 61.
Schneider leih mir die Scheer 47.
Schusserspiel 28.
Schwalbe 31. 57.
Sittich 14. 15.

Sommer- und Winterspiel 34.
Spicken 28.
Spiegel 51.
Spielzeug 17.
Sprechübungen 55—56.
Star 14.
Steckenpferd 22—23.
Steine werfen 26.
Stöckeln 43.
Storch 31.
Stözlen 43.
Tanz 39—40.
Thierbilder 17.
Tocke 19—22.
Todtentanz 41.
Topf 27—28.
Veilchen 29—30.
Verkaufen 43.
Verstecken 43.
Vögel 9 ff.
Vogelfang 10.
Vögelsprache 57.
Wichtelspiel 49.
Windmühle 23.
Wolf 54.
Würfelspiel 46.
Zeisig 16.
Zirlin mirlin 43.

Benützte Werke.

Alphart: Alpharts Tod, herausgegeben von Martin im 2. Bande des Heldenbuches. Berlin 1866.
Altswert: Meister Altswert, herausgegeben von Holland und Keller. Stuttgart 1850.
Athis: Athis und Prophilias, herausg. v. W. Grimm. Berlin 1846.
Aus dem Kinderleben. Oldenburg 1851.
Barlaam und Josaphat, herausg. von F. Pfeiffer. Leipzig 1844
Bartsch, deutsche Liederdichter des zwölften bis vierzehnten Jahrhunderts. Leipzig 1864.
Baslerische Kinder- und Volksreime. Basel 1857.
Berthold von Regensburg, herausg. v. F. Pfeiffer. Wien 1862.
Birlinger, Volksthümliches aus Schwaben. Freiburg 1861.
Birlinger, Nimm mich mit. Freiburg 1871.
Biterolf und Dietleib, herausg. von O. Jänicke. Berlin 1866.
Boner's Edelstein, herausg. von F. Pfeiffer. Leipzig 1844.
Bruder Philipps Marienleben, herausg. von H. Rückert. Quedlinburg 1853.
Buch der Rügen, herausg. von Karajan in Haupts Zeitschrift II. 6—92.
Carmina burana, herausg. v. Schmeller. Stuttgart 1848.
Caesarii Heisterbacensis dialogus miraculorum. Coloniae 1851.
Cato: Der deutsche Cato, herausg. von Zarncke. Leipzig 1852.
Colm: Meisterlieder der Kolmarer Handschrift, herausg. von K. Bartsch. Stuttgart 1862.
Conrad von Salzburg, Fidus salutis monitor. Salzburg 1683.
Curtze: Volks-überlieferungen aus dem Fürstenthum Waldeck. Arolsen 1860.
Diocletian: Diocletian's Leben von Hans von Bühel, heraug. von Keller. Quedlinburg 1841.
Eibofolke oder die Schweden an der Küste Esthlands. Reval 1855.
Engelhart von Konrad von Würzburg, herausg. v. Haupt. Leipzig 1844.
Fasnachtspiele aus dem 15. Jahrhundert, herausg. von Keller. Stuttgart 1853.
Fischart: Joh. Fischart's sämmtliche Dichtungen, herausg. von H. Kurz. Leipzig 1866.
Freidank: Freidank's Bescheidenheit, herausg. von W. Grimm. Göttingen 1860.

Germ. Stud.: Germanistische Studien, herausg. von Bartsch. Wien 1872.
Graf Rudolf, herausg. von W. Grimm. Göttingen 1844.
Graff: Althochdeutscher Sprachschatz. Berlin 1834—42.
Grasberger: Erziehung und Unterricht im klassischen Alterthum. Würzburg 1864.
Grimm: Kinder und Hausmärchen. Göttingen 1857.
Grimm Myth.: Deutsche Mythologie von J. Grimm. Göttingen 1854.
Grohmann, Aberglauben und Gebräuche aus Böhmen und Mähren. Prag 1864.
Gute alte Zeit, herausg. v. J. Scheible. Stuttgart 1847.
Haslau: Der Jüngling Konrads von Haslau, herausg. von Haupt in seiner Zeitschrift 8, 550—86.
Hätzlerin: Liederbuch der Clara Hätzlerin, herausg. v. C. Haltaus. Quedlinburg 1840.
Helbling: Seifried Helbling, herausg. von Karajan in Haupt's Zeitschrift 4, 1—284.
HGA.: Gesammtabenteuer, herausg. v. Fr. H. v. d. Hagen. Stuttgart 1850.
Horologium excitatorium von P. Maurus von Grieskirchen. Salzburg 1690.
Kaiserchronik herausg. v. Massmann. Quedlinburg 1849—54.
Kehrein, Volkssitte im Herzogthum Nassau. Weilburg 1862.
Keller, Erzählungen aus altdeutschen Handschriften. Stuttgart 1855.
Kindheit Jesu, herausg. v. Feifalik. Wien 1859.
Kräuterbuch von Adamo Lonicero. Frankfurt 1630.
Kuhn, Märkische Sagen und Märchen. Berlin 1843.
Kuhn, Norddeutsche Sagen. Leipzig 1848.
Kuhn, Sagen, Gebräuche und Märchen aus Westfalen. Leipzig 1859.
Labers: Die Jagd Hadamars von Laber, herausg. von Schmeller. Stuttgart 1850.
Lambel, Erzählungen und Schwänke. Leipzig 1872.
Landsteiner: Reste des Heidenglaubens in Sagen und Gebräuchen des niederösterreichischen Volkes. Krems 1869.
Laurin, herausg. von Müllenhof im I. Bande des Heldenbuches. Berlin 1866. E. v. Ettmüller. Jena 1829.
Lexer, mittelhochdeutsches Handwörterbuch. Leipzig 1872.
Liebrecht: Pentamerone des Giambattista Basile. Breslau 1846.
Lichtenstein: Ulrich von Lichtenstein, herausg. von Lachmann. Berlin 1841.
Lohengrin, herausg. v. H. Rückert. Quedlinburg 1858.
Lonicerus s. Kräuterbuch.
Lütolf, Sagen, Bräuche und Legenden aus den fünf Orten Luzern, Uri, Schwyz, Unterwalden und Luzern. Luzern 1865.
Mai und Beaflor, herausg. v. Franz Pfeiffer. Leipzig 1845.
Mannhardt germ. Myth.: Germanische Mythen. Berlin 1858.
Mannhardt, die Korndämonen. Berlin 1868.
Marienleben, Bruder Philipps, herausg. von H. Rückert. Quedlinburg 1853.

Megenberg, das Buch der Natur. Stuttgart 1861.
Meier: Deutsche Kinderreime und Kinderspiele aus Schwaben. Tübingen 1851.
Meier, Märchen aus Schwaben. Stuttgart 1852.
Menzel, Naturkunde. Stuttgart 1855.
Mönchlein, das zwölfjährige. herausg. von Kirchhofer Schaffhausen 1866.
Monti, vocabolario dei dialetti della città e diocési di Como. Milano 1845.
Morolf: Salomon und Morolf in den deutschen Gedichten des Mittelalters von v. der Hagen. I. B. Berlin 1808.
MSF.: Des Minnesangs Frühling, herausg. von Lachmann und Haupt. Berlin 1857.
MSH., Minnesinger, herausg. von F. H. v. d. Haagen. Leipzig 1838.
Müllenhof, Märchen und Lieder der Herzogthümer Schleswig, Holstein und Lauenburg. Kiel 1845.
Murner, von dem grossen Lutherischen Narren, herausg. von J. Scheible. Stuttgart 1848.
Narrenschiff von Seb. Bant, herausg. von Zarncke. Leipzig 1854.
Neidhart von Reuenthal, herausg. von M. Haupt. Leipzig 1858.
Ortnit, herausg. von A. Amelung im dritten Bande des deutschen Heldenbuches. Berlin 1871.
Ein österreichischer Schulmeister von Karl Landsteiner. Wien 1872.
Partenopier und Meliur von K. v. Würzburg, herausg. von Bartsch. Wien 1871.
Parzival von Wolfram von Eschenbach, herausg. von Lachmann. Berlin 1854.
Pauli J., Schimpf und Ernst, herausg. v. H. Oesterley. Stuttgart 1866.
Pirona, vocabolario Friulano. Udine.
Renner: Der Renner Hugos von Trimberg. Bamberg 1833.
Ring: Der Ring v. Heinrich v. Wittenweiler, herausg. v. L. Bechstein. Stuttgart 1851.
Rochholz, Alemannisches Kinderlied und Kinderspiel aus der Schweiz. Leipzig 1857.
Rosengarten: Der rosengarte, herausg. von W. Grimm. Göttingen 1836.
Rother: König Rother, herausg. von H. Rückert. Leipzig 1872.
Sachse: Ueber Volks- und Kinderdichtung nebst einigen Westphälischen Volks- und Kinderliedern. Berlin 1869.
Schmitz: Sitten und Bräuche, Lieder, Sprichwörter und Räthsel des Eifler Volkes. Trier 1856.
Schmeller, bayerisches Wörterbuch.
Schneller, Märchen und Sagen aus Wälschtirol. Innsbruck 1867.
Schöpf, tirolisches Idiotikon. Innsbruck 1866.
Seven: Leutold von Seven, herausg. in Wackernagels Walther v. d. Vogelweide S. 259—70.
Simrock: Das deutsche Kinderbuch. Frankfurt 1857.
Simrock Myth.: Handbuch der deutschen Mythologie. Bonn 1869.
Simrock, Räthselbuch. Frankfurt 1850.

Singenberg: Ulrich von Singenberg in Wackernagels Walther v. d. Vogelweide S. 209—56.

Stalder, schweizerisches Idiotikon. Aarau 1806—12.

Titurel von Wolfram von Eschenbach, herausg. v. Lachmann.

Titurel J.: Der jüngere Titurel, herausg. von Hahn. Quedlinburg 1842.

Tristan von Gottfried von Strassburg, herausg. v. Massmann. Leipzig 1843.

Troj. Krieg: Trojanischer Krieg von Konrad van Würzburg, herausg. von Keller. Stuttgart 1858.

Von dem übelen Weibe, herausg. von Haupt. Leipzig 1871.

Wackernagel, kleinere Schriften. Leipzig 1872.

Wackernagel, Voces variae animantium. Basel 1869.

Wälscher Gast des Thomasin v. Zirclaria, herausg. v. H. Bückert. Quedlinburg 1852.

Weinhold, die deutschen Frauen in dem Mittelalter. Wien 1851.

Wigalois von Wirnt v. Gravenberg, herausg. v. Pfeiffer. Leipzig 1847.

Der Winsbeke und die Winsbekin, herausg. v. Haupt. Leipzig 1845.

Wolf, Zeitschrift für deutsche Mythologie und Sittenkunde. Göttingen 1853-59.

Wolfdietrich, der grosse, herausg. v. Holtzmann. Heidelberg 1865.

Wolfdietrich A., herausg. v. A. Amelung im 3. Bande des deutschen Heldenbuches. Berlin 1871.